透明的教師
以同儕蒐集課堂資料精進教學

Trent E. Kaufman
Emily Dolci Grimm
著

賴光眞　賴文堅
葉坤靈　張民杰
譯

五南圖書出版公司 印行

The Transparent Teacher

Taking Charge of Your Instruction with Peer-Collected Classroom Data

Trent E. Kaufman
Emily Dolci Grimm

本書作者

Trent E. Kaufman 是「教育方向」（Education Direction）的主要負責人。「教育方向」是學校改革研究與諮詢公司，致力於改善各學校系統學生的學習成效，其設立宗旨在於提供州教育廳、學區及學校實施授課教師主導的觀察和以其他資料為導向之改善方案。Kaufman 在成立「教育方向」之前，曾擔任北加州教師、學科召集人、科技協調者、體育教練、學務主任、助理校長及學校校長等職，也擔任過哈佛教育研究所研究與教學人員、科學與數學教育產業促進暑期工作人員、未來中學國家教師成員以及教育資源策略資深分析師。

Kaufman 獲得哈佛教育研究所教育政策、領導及教學實務博士和加州大學柏克萊分校教育領導碩士。他與 Emily Dolci Grimm 合著《協作學校改善：八個學區－學校夥伴轉化教與學之實施方案》（*Collaborative School Improvement: Eight Practices for District-School Partnerships to Transform Teaching and Learning*, 2012）、撰寫《智能資料的實際運用》（*Data Wise in Action*）（由 Kathryn Parker Boudett 與 Jennifer L. Steele 主編，2007）的一個章節，並於《教育週報》（*Education Week*）發表論文。

此外，Kaufman 也參與許多研討會活動，例如：美國視導與課程發展協會（Association for Supervision & Curriculum Development, ASCD）年會、向前學習（Learning Forward）、美國學校董事會協會（National School Board Association）、加州學校聯盟（California League of Schools）、布朗大學學校領導研究所（Brown University's School Leadership Institute）、加州特許學校協會（California Charter School Association）等。

Emily Dolci Grimm 在傳統一般學校和另類學校擔任教師超過十載，目前是「教育方向」的主要負責人。在此之前，曾任緬因州教師、輔導員及危機處理小組成員。在緬因州，她獲得贊助款成立與實施「女子希望計畫」（Girls' Aspirations Program），這是一項因應社區中瀕臨危機的少女需求之另類教育計畫。

Grimm 獲得哈佛福德學院（Haverford College）學士，目前正在緬因州史坦迪什的聖若瑟學院（St. Joseph's College）攻讀教育領導碩士。與 Trent E. Kaufman 合著《協作學校改善：八個學區—學校夥伴轉化教與學之實施方案》（2012），相關論文也發表於《教育週報》；此外也參與多種研討會活動，包括：美國視導與課程發展協會、促進教育改善（Advancing Improvement in Education），以及新英格蘭中學聯盟（New England League of Middle Schools）年會。

誌謝

正如本書對教師與學校領導者角色的描繪，時間對我們而言，也是極為短絀的資源。因此對於「教育方向」的同事，付出時間協助發展與精進本計畫，在此特申謝忱。

本書的內容主要源自那些對學生無盡付出的教師與學校領導者的經驗。他們的努力、毅力及意願，將授課教師主導的觀察化作具體行動，開啓了專業學習之鑰。尤其是亞歷桑納州錢德勒市（Chandler）的錢德勒聯合學區（Chandler Unified School District）與印第安納州艾文斯維爾市（Evansville）的艾文斯維爾范德堡學校法人（Evansville Vanderburgh School Corporation）的教育人員，以主導的行動力，打開教室大門，從而具體實踐了我們的改革想法。

亞歷桑納州錢德勒市漢密爾頓高中（Hamilton High School）校長 Fred DePrez，其改革的慧見與行動的投注，實在值得嘉許。我們和他共事，見證了 TDO 精進教師主導觀察的無比價值。漢密爾頓高中的教師將這遠見化作實際行動，尤其是 Patricia Berg、Andrew Burkhart、Phyllis Carr、Shelley Ceinaturaga 及 Heather Love 等諸位教師的努力，讓我們更加理解授課教師主導觀察的實況。

我們並非獨力完成此書，Jossey-Bass 出版社的 Dimi Berkner、Lesley Iura、Linda Manuel 及 Marjorie McAneny 等人，都盡心盡力協助本計畫，兩位匿名審查者也提供寶貴的回饋意見，任事幹練的編輯 Cami Hewett，付出許多心力協助潤飾文稿。此外，「教育方向」的同事 Allison Miller，在撰稿過程中也提供寶貴的意見與協助，也要特別感謝 2010 年全美年度師鐸獎得主 Sarah Brown Wessling 為本書撰寫序言，引介本書內容並闡明本書的價值。

　　就像教學實踐一樣，撰寫一本書也是精益求精的歷程，同事與家人的支持，促使本計畫得以完成，謹此獻上最高的謝忱。

　　Trent：我有幸與最棒的夥伴 Emily Grimm 共事，與她一起執行計畫與撰寫本書的三年歲月中，她帶給我極大的信賴與尊重。授課教師主導的觀察從夥伴學校開始運作到成書，都是因為她的堅持，方能使核心理念得以深化。而我的事業夥伴 Randy 對本書的協助超乎我的預期，他以無比的毅力與縝密的思維能力，引導大家將目光聚焦在寫作的宏願上。至於我的人生伴侶 Roise，不僅逐字逐句閱讀本書並提出批判意見，多年來，不管是在夜間散步或午間的電話通話，她都能抓住機會琢磨相關想法，所以本書有關授課教師主導觀察所植基的核心原則，有許多來自她在日常教學中尋求回饋與自我改善所獲致的成果。也要感謝 JT、Isaac、Henry、Philip 及 Nora 等小夥子，在我結束整天辛苦的寫作，下班回家後，陪我做摔跤運動或騎自行車，協助我做真實的自己，這也正是醫師指示我遵行的日常活動。

　　Emily：我極其有幸與我的同事 Trent E. Kaufman 一起投入這項計畫，他以傑出的能力，整合他與我的力量，發揮整體大於部分的總合效果。而他實質提供教師改善教育專業學習文化，與建立相關改善所需資源之努力，促進了 TDO 計畫的展開與完成。我的終身伴侶 David，以各種不同方式豐富了我的生命，他熱衷探險、深具耐性及充滿幽默感，都讓我感到自在、愉快（尤其在寫作的深夜裡）。我對他長久以來持續的陪伴與支持，致上最大的謝意，他使得這個計畫得以完成，也帶領我得以攀越許多山巔，包含真實的與象徵涵義的山巔。我期待我們下一個探險，這探險不管是什麼都行。

推薦序

　　身為 2010 年全美年度師鐸獎得主，我掌握契機與上千名教育人員談論美國教育狀況。在這些談話中，我注意到一種趨勢，但卻一點也不訝異，那就是許多教師都認為他們閉鎖在自己的教室裡，並且深陷在日復一日的例行公事中，無法自拔。然而當我問這些教育人員如何對教育措施做出改變時，我很驚訝他們的眼神都極為一致，他們都渴望學校文化能有審慎的轉變，希望任教於具探究與通力合作氣氛的校園中。

　　我從這些談話中擬出美國教育的願望清單如下：我盼望的學校，能使教師有能力回應艱難的問題，而無懼失敗；我盼望的學校，行政人員在致力於推動校務的同時，也能關注我的教學；我盼望的學校，同事能視彼此為互相信賴的專家，當與學生互動時，願意彼此真誠以對，開誠布公；我盼望的學校，教師不囿於制度，能進行專業的發展，精進其教學。

　　我所描繪的學校絕非空中樓閣的烏托邦，因為在美國各地，都可以看見許多學校具體展現我願望清單的諸多項目，嘉惠了學子與教育人員，不過也仍然有頗多學校乖違這些理想。

　　無論如何，首要之務是踏出第一步，尋找方法協助教師，不僅從自己的教室出發，也能從其他教師的教室中，看見學習的力量。在《透明的教師》（*The Transparent Teacher*）一書中，Trent Kaufman 與 Emily Dolci Grimm 提出專業發展增能的藍圖，雖然 Kaufman 與 Grimm 將成長的主軸放在教師的自我探究上，但他們絕非僅止於倡導教師關注自我成長而已，他們也透過授課教師主導觀察之實踐，營造以學習為中心的文化。對教師而言，涵泳學習者特質的機會，也是重塑專業成長（professional development, PD）的契機。PD 因而不再是別人建構來給教師用的，而是教師自己製作的成品，有著正確的方向與清楚明晰的目的。作者協助教師學會對自己的教室運用放大或縮小等不同角度的取鏡方式，利用教室觀察

所得的資料，揭示教學的實際樣態，從而提出教學轉化的審慎建議。本書從探討如何依循正確的方向準備觀察，以及用明智的方式持續觀察活動，從而轉化整個校園文化。凡此種種，都在協助教師轉化自身教學實踐的思維方式。除了會談題綱以及對行政人員的具體建議外，你將會被書中生動描繪的 Heather、Margaret 及 Jay 等授課教師主導的觀察所吸引。

授課教師主導的觀察將協助教師成為名副其實的專業人士，在將專業成長從會議中心轉移到教室的過程中，Kaufman 與 Grimm 帶動且提升了我們，來到學習者的位階。

Sarah Brown Wessling
2010 全美年度師鐸獎得主
於愛荷華州約翰斯頓城（Johnston, Iowa）
2013 年 2 月

譯者序

　　十二年國民基本教育新課綱在 108 學年度正式施行。課程總綱規定，校長及每位教師每學年應至少公開授課一次，並進行專業回饋，以期形塑同儕共學的教學文化，促進教師專業發展，提升教學品質與學生學習成效。

　　公開授課主要是在學校或社群的規劃安排下實施，這種行政主導模式固然有其優點，但卻也存在若干缺失，例如公開授課的時機點可能並非授課教師最需要專業成長的所在，以及無法更積極的引導教師對自己的教學品質負起專業成長的責任。

　　Kaufman 與 Grimm 這兩位「教育方向」（Education Direction）服務機構的創辦人與負責人，在《透明的教師：以同儕蒐集課堂資料精進教學》（*The transparent teacher: Taking charge of your instruction with peer-collected classroom data*）一書中倡議的「授課教師主導的觀察」（teacher-driven observation, TDO），提供了前述缺失的可能解方。

　　《透明的教師》一書，除緒論之外，分為準備、實施、支持三個部分，系統性的介紹實施 TDO 的各種面向與事項。

　　第一部分「準備篇」，包含第 1 章「專業學習取向的授課教師主導觀察」以及第 2 章「授課教師主導觀察的準備」。Kaufman 與 Grimm 揭露了傳統研習對於教師專業發展的侷限性，認為問題癥結在於研習內容不易與個別教師日常教學實況相連結，因此他們主張教師應在自己的教室內、融入日常教學工作中，來尋求專業成長。TDO 的特性就是引導教師由教室內部敞開大門，為自己量身訂做客製化的教學觀察歷程。Kaufman 與 Grimm 一再強調，TDO 不是對教師進行總結性的問責或評鑑，它是為了改進教學而進行的一種形成性資料蒐集歷程。

　　第二部分「實施篇」，包含第 3 到 5 章，分別討論 TDO 的三個步

驟──「觀察前會談」、「觀察」與「觀察後回饋會談」。觀察前會談的準備工作，授課教師自己必須預先決定焦點問題，再依據焦點問題選擇特定的資料蒐集方法，決定誰來擔任觀察者，以及處理若干行政配套事宜。在觀察前會談時，授課教師依據會談題綱，向觀察者說明焦點問題、課程脈絡、觀察工具以及其他配合事項。至於實際觀察階段，觀察者使用抄錄、計算以及追蹤等某一種或多種方法，協助授課教師蒐集教室裡學生、教師與內容等教學核心三要素以及其間交互作用的客觀資料。到了觀察後回饋會談，授課教師依據會談題綱主持討論，先由觀察者簡要地描述其所蒐集的客觀資料，授課教師再將這些資料連結其所提出的焦點問題，進行省思，找出問題癥結，接下來，授課教師與觀察者進一步共同討論未來應關注的焦點，或者教學應採取或嘗試的新策略。

第三部分「支持篇」，包含第 6 章的「處理行政配套事宜」，提到 TDO 運作可以從個人、團隊及全校三個點切入，並討論所需的時間、人員及經費等資源，其實 TDO 儘量尋求用最能撙節資源的方式運作，無須仰賴太多的資源挹注。第 7 章為「給校長：如何實施與支持授課教師主導的觀察」，讀者對象主要鎖定為校長，Kaufman 與 Grimm 提醒校長應該讓教師知悉 TDO 是在目前已經在做的事情上，幫助教師改進教學，而不是額外增添工作，更不是評鑑教師，以期消除教師的疑慮。他們也提醒校長應該審慎踏出第一步，讓 TDO 第一次運作的良好成果，能夠奠定未來更多教師願意採用的基礎；當然，即使如此，也還必須持續不斷的檢討與修正運作實務。至於第 8 章「授課教師主導觀察的實際運作」，則是介紹漢密爾頓高中（Hamilton High School）實施 TDO 的經驗，包含其第一年的規劃、第二年的調整以及所獲致的成果，驗證 TDO 對於改善教學和學習確實具有無比的潛力。

書末，Kaufman 與 Grimm 還寫了一篇後記，討論專業學習社群（PLC）與授課教師主導的觀察（TDO）之間各種可能的關係。TDO 可以讓運作良好的 PLC 提升效能，可以提振運作欠佳的 PLC，也可以在非

PLC 的脈絡下，提供可靠的架構，讓授課教師主導並負起自己專業學習成長的責任。

綜觀 TDO 的主張，其與公開授課的理念與實施方式彼此相似，不過在「主導者」、「觀課焦點、方法與工具」、「觀課者」與「實施歷程與細節」等事項上，TDO 有若干思考與做法超越公開授課的設計。概言之，TDO 似乎能讓教師感到更簡便、更自在，而且更能實質協助教師教學專業發展。因此，將 TDO 融入公開授課，技術上沒有太大的困難，而且更有機會落實或提升公開授課的效益，確實值得積極認識、思考與嘗試。這也是我們在新課綱正式實施的前夕，積極翻譯並且引介《透明的教師》這本書最主要的初衷與目的。

本書的翻譯承蒙教育領域的幾位好友分工合作、協力完成。緒論以及第 1、2 章由臺灣藝術大學賴文堅副教授主譯，第 3、4 章以及後記由我個人負責，臺灣師範大學的葉坤靈副教授主譯第 5、6 章以及作者、誌謝、推薦序、緒論等部分，臺灣師範大學的張民杰教授則主譯第 7、8 章。

本書能夠順利付梓出版，特別感謝袁薏淳小姐費心協助校閱與統整，讓本書的翻譯品質能夠更形提升。此外，也感謝五南圖書出版公司編輯部同仁諸多的協助，在此一併致上謝忱。

東吳大學師資培育中心　**賴光眞**

謹識

目　錄

本書作者　　　　　　　　　　　　　　　　　　　　　i

誌謝　　　　　　　　　　　　　　　　　　　　　　iii

推薦序　　　　　　　　　　　　　　　　　　　　　v

譯者序　　　　　　　　　　　　　　　　　　　　　vii

緒論　　　　　　　　　　　　　　　　　　　　　　1

第一部分
準　備

第1章　專業學習取向的授課教師主導觀察　　　　　11

第2章　授課教師主導觀察的準備　　　　　　　　　27

第二部分
實　施

第3章　觀察前會談　　　　　　　　　　　　　　　43

第4章　觀察　　　　　　　　　　　　　　　　　　63

第5章　觀察後回饋會談　　　　　　　　　　　　　81

第三部分
支　持

第6章　處理行政配套事宜　　　　　　　　　　　　101

第7章　給校長：如何實施與支持授課教師主導的觀察　115

第8章　授課教師主導觀察的實際運作　　　　　　　131

後記：專業學習社群與授課教師主導的觀察　　　　149

章節摘述與研究問題　　　　　　　　　　　　　　155

全書附註　　　　　　　　　　　　　　　　　　　165

緒　論

當我們介紹《透明的教師》這本書以及授課教師主導的觀察給教師與行政人員時，發現他們最感興趣的是授課教師主導觀察的起源。我們將簡短地與你分享 Trent 擔任助理校長、負責評鑑事務時所發生的故事，它說明了教師主導自我的學習且成為透明教師的可能性，讓什麼是主導有了不同的詮釋。在這個故事中，你可以發現我們寫作本書的動機，以及轉變教學文化的力量，並可以將故事與你的教師經驗相連結。

翻轉教師的觀察

我擔任助理校長的第三天，校長給了我一份名單。目光掃視當年度我要評鑑的 22 位教師名單，我感到心跳加速。身為行政管理者，手上拿著這份名單是十分獨特的：多年前我是這所學校的新進教師，名單中為數眾多的教師曾經輔導過我，在我的眼中，他們是教學領域的專家。

在這一年之中，我將對每位教師的教學進行兩次觀察，首先是一次非正式的預先觀察，在約定的時間裡先進行課堂觀察，並且針對需要改進之處提出建議。之後在同一年度中進行正式的評鑑，我必須檢視那位教師和我所共同選定的改進項目是否有所改善。

我不清楚校長為什麼要我先選擇 Shelly 老師進行觀察。Shelly 老師是這個學區最好的數學老師，她令人生畏，但真的、真的是一位好老師。在這個領域中，她兼具經驗與影響力。也許是校長認為我若能夠克服這一關，之後便能夠一帆風順。誰知道呢？坦白說，相較於一開始的非正式評鑑，我比較不擔心正式評鑑，因為前者要求我在缺少評量規準架構以及評量表的情況下，對於需要改進的事項提出建議。

大部分我所觀察的教師，包括 Shelly 老師，所教的科目我從未教過，

1

而且他們在教學上的經驗也遠勝於我。我對該如何進行觀察以及要如何對他們的教學有所幫助感到憂心，因而徹夜未眠。當然，我還是必須想出一些有用的解決辦法——即使並非絕妙——來證明我是一個有效能的行政管理者。

　　解決這個困境的方法就在我隔天早晨上班的途中誕生。在研究所裡，我修了一門行政管理方面的課，內容提到了蒐集教學客觀資料的重要性。這讓我想到我可以將自己定位成爲一個客觀資料的蒐集者，而非走進教室後，只觀察我想觀察的教學行爲。我更進一步思考：由於教室中存在許許多多潛在的訊息來源，我認爲焦點應該特別關注在教師們想要獲得的資料上。這個想法令我興奮不已，而這意味著我需要在觀察前與每一位教師進行溝通，請教他們想要鎖定哪些焦點進行教學改善。

　　預定對 Shelly 老師進行觀察的那天早上，Shelly 老師進到我的辦公室時，我直挺挺地坐著。當我開始說明我將在觀察期間蒐集她想聚焦及想改善之處相關的資料時，她坐了下來並且小心翼翼地交疊著雙腳。她目光一亮彷彿是想到了一個點子，炯炯有神地對我說：「我最近的教學，開始聚焦在如何改善自己的提問，我的目標是能夠激發更多學生注意基礎數學課，我相信提出更多應用性的問題可以幫助我達成這個目標。」

　　「我十分認同這個想法。」我回應著：「假如我在觀察中記錄下所有妳提問的應用問題，這樣對妳會有幫助嗎？」

　　她下結論般的說：「我喜歡這個主意，你是否也能夠幫我記錄學生在回答時說了些什麼？這樣我們在課後，針對課堂中到底發生了什麼事可以有許多對話。在這些資料的基礎上，我們或許可以知道我可以如何改進。」

　　「我很樂意！」我回答道，心中提醒自己在觀察前要記得複習 Bloom 的分類法。

　　「第三節課見！」她點點頭，笑著走出辦公室去上課。

　　有了清楚的目的，我滿懷信心走進 Shelly 老師的教室：我確切地知

道在觀察期間要做些什麼，也知道這樣做會很有價值。在接下來的一個小時裡，我振筆疾書，蒐集 Shelly 老師所指定的相關資料，將 Shelly 老師的提問都手寫記錄下來，誠摯地幫助她。

　　我對於這項任務充滿熱情，對於放學時的觀察後討論也充滿信心。在 Shelly 老師的教室裡，我們依據觀察資料進行極具創造性的對話。因為我以所蒐集的資料作為我們對話的核心，因此她並不會感受到威脅：我們檢視教學資料，而非評鑑教師。從我所記錄的教師提問與學生回答中，我們很快地注意到以下幾點：

- 大約有 5 位學生嘗試回答所有的應用問題，對於某些學生來說，要多次嘗試後，才能答出適切的答案。
- 在一個小時內所提出的 10 個應用問題中，28 位學生中有 15 位嘗試回答，這代表大部分的學生會嘗試回答問題。
- 10 位學生根據其他 4 位同學的回答，改正了自己的答案。

　　Shelly 老師要我從觀察者角度提出我的見解：「其他 13 位學生在這堂課裡都在做些什麼？為什麼只有 4 位學生能夠回答我的應用問題？」

　　當我們針對資料進行討論之際，Shelly 老師提出幾個或許可以嘗試的想法：「假使我將問題變得更容易理解，也許就可以讓所有的學生回答，而我也將會發現應用問題真正的價值所在。」Shelly 老師認為我所蒐集到的資料有助於她精進教學，她擴充自己的計畫並且將想法回饋給我，而我也大為寬心，我不必是數學或是教學專家，也能成為一個具建設性的觀察者。

　　我們之間的互動對於我擔任觀察者的能力有正面的提升，我開始站在資料蒐集者的角色，我所觀察的教師都能感受到我有助於他們目前的教學，並感受到我協助他們更加精進教學的承諾。

　　多年以後，在 Shelly 老師的退休歡送聚會中，我們談到這一次觀察

的經驗。我承認當時我非常緊張，她大笑，但同時感謝我在那一年帶給她不一樣的專業發展：「你知道嗎？我在研討會中學到的新教學策略，只有一半的機會能夠有效的實踐於教學中。現在我發現，當有同儕到教室來觀察我運用某種教學策略在『我』的學生、『我』的教室裡，就可能有百分之百的機會。」我點點頭，她繼續說道：「跟你一起共事，我真的覺得我主導整個觀察的過程，你幫助我精進了我所關注的部分，你蒐集的資料讓我們能夠思考下一步的專業發展。」

　　從與 Shelly 老師互動的這一段經歷中，身為教育者的我得到了很多寶貴的經驗，這些經驗也成為這本書的基礎：

- 有效的觀察經驗，其要素是被觀察教師的意向，假如被觀察的教師想要學習成長，就能有各種可能性。
- 要成為一個有效的觀察者並非基於能力，我並沒有高人一等或者是懂得比 Shelly 老師還多，最重要的是，我甚至不把自己定位為行政管理者。我單純地只是渴望幫助教師，誠摯地蒐集資料，希望這些資料能激發彼此的對話。
- Shelly 老師啟動個人專業發展並運用到她的教學之中，很大一部分得力於開放自己的教學讓人觀察，成為透明教師，透過提出聚焦的項目以及我所蒐集的相關資料，她獲得了專業發展。這樣的角色定位得以排除觀察後回饋會談的尷尬：我僅是單純地蒐集資料，幫助她解答自己教學中的問題，自從我蒐集資料而非評論她的教學之後，我們開展了建設性、不具威脅的對話，談論著她教室中的教與學。

　　從那一刻起，我創立了「教育方向」這個機構，使用這些與其他資料導向的教育原則，教導數以百計的學校及學區。

透明的教師：以同儕蒐集課堂資料精進教學

上面的這個主、副標題相當重要，它能給你一個意象，以了解我們準備告訴你什麼，以及我們想要解釋的詞彙。

與我們一起工作的教師經常提到自己在專業發展上倍感挫折，他們對一些教學策略或許很感興趣，但並未持之以恆地運用。專業發展的議題不斷創新與產生，但大多在會議（教師獲得專業發展訓練之處）與教室（將教學策略付諸實踐之處）間的空白中流失。

為了跨越這樣的空白，我們主張由教師擔任主導。當教師主導自己的專業發展並直接運用在教室中，他們便能主導自身的成長、效能，甚至是整體性的工作滿意度。使用本書中針對授課教師主導的觀察所提出的技巧，教師將能引領專業學習內化至他們的教室。

打破專業上的孤立，在我們的日常教學裡得以持續專業發展，開放我們的教室——變成透明教師——是必要的。當授課教師主導自己的觀察，將會邀請同儕共同合作蒐集資料。當你向同儕開放你的教室，將使得教室裡所發生的教與學變得透明，為同儕蒐集教室資訊打好基礎。有了這些資料就像是在背後長了眼睛：將使每個教師能夠看到教學中的盲點。教學需要付出百分百的心力，所以教師不會記得學生離開座位幾次，或是課堂上學生所問的問題。你回答學生的問題，但是你並不知道最終你提出多少問題，或者是學生的問題是否反映出他對這個主題的理解上還是存在著迷思。

主導意味著你決定想要將教學聚焦在何處，TDO 提供你工具，用以解答與同儕合作的問題；主導意味著由你決定何人與何時來到你的教室，由你引領會議並且由你保留這些資料。我們邀請你透過這本書的閱讀，主導你的教學與專業發展。

如何使用本書

　　當你潛心鑽研接下來的章節時，你將會讀到數以百計的教師參與TDO 的相關經驗，我們希望如同帶給他們的一樣，這些歷程能夠提供給你一個方法，引領你轉化教學，以提升學生的學習。

　　《透明的教師》一書將是你實踐 TDO 的豐沛資源，為了讓你能產生最大的效用，本書的閱讀分成三個部分，這可以讓你知道該從哪裡讀起，以及了解章節架構等細節關鍵，也能夠在你複習以及讀書會時，知道各章的重點及研究問題。

第一部分至第三部分

　　第一部分包括第 1 章、第 2 章的「準備」，探究 TDO 的目標與有關實施上的規劃，統整這兩章可讓你了解 TDO 對於你的教學以及貴校專業文化上可以做些什麼，這兩章還致力於為你的成功做好準備。在探索這些主題的過程中，你將認識 Heather，她是一位七年級的數學教師，正在尋找一個有效的方法，能將學到的專業應用到教學內容之中。在第一部分的最後，你會準備好去發掘 TDO 的具體步驟。

　　第二部分包括第 3 章到第 5 章的「實施」，詳述 TDO 的三個步驟，每一章解釋一項步驟，提供有助於實施的範例與訣竅。你可以持續地追蹤Heather 老師從事 TDO 的歷程，她的經驗讓你能在從開始到完成的過程中，擁有全面且內在的觀點。你也可以閱讀其他教師是如何將 TDO 的核心原則運用到教學工作中。閱讀完第二部分，你會清楚地了解到 TDO 能夠有助於教室中的教學與學習，你甚至會感到自己已經準備好要開始進行一輪的 TDO。

　　第三部分包括第 6 章到第 8 章的「支持」，有助於回答諸如：「我要如何找到時間去實施這一個歷程？」的問題，有興趣全校實施 TDO 的校長們，可以特別關注專為行政人員所撰寫的第 7 章。最後一章敘述一所超

過 170 位教師的大型綜合高中如何實施 TDO，這一個例子說明了教師們使用 TDO 的挑戰及所達成的成就。

從哪裡開始讀起？

你在學校的角色，以及是否有讓你感到適於與他們合作的教學觀察者存在，將決定你如何使用這本書。對教師與行政人員而言，若 TDO 是全新的概念，從第 1 章與第 2 章讀起會最有幫助，當準備開始實施 TDO 時，就可以接著讀第 3 章。假如你被這些概念激起興趣，而準備要學習更多關於實務上的運作，你會發現第二部分對你理解相關步驟最有幫助。

章節架構

每一章都包含有用來強調關鍵點的文字方格，這些文字方格對於記住 TDO 是很重要的，而且有助於內容的導讀與複習。

每一章同時包括了至少兩個「給校長的便利貼」，站在校長觀點上強調相關資訊，閱讀本書的校長可以在瀏覽各章時先讀這一個部分，然後再去閱讀相關的細節。因為第 7 章是專為校長所撰寫，所以也就沒有「給校長的便利貼」。

「常見的錯誤」部分，是從數十所學校裡數百位教師的經驗中篩選出來的，並對應第二及第三部分每一章內容而提出。你會發現它對於基礎閱讀能夠發揮提綱挈領的效果，對實務上的運用也有很大的幫助，不僅有用也可以協助你持續發展。

章節摘述與研究問題

翻到書本的最後，章節摘述能提供你詳讀前的初步概念，我們同時也提供一些與各章內容有關的討論問題，這些問題的設計是用來進一步思考所提到的概念，並且促進個人的應用。任何運用 TDO 的教師將透過思考這些問題而獲益，也可以用在較為正式的讀書會或者是研究所的課程中。

結語

我們有信心在前面幾頁中，你將會找到視野與資源，有助於在教室中創造專業的、與工作結合的學習經驗，讓你更有能力精進教學，並且讓你成為透明的教師。

第一部分

準　備

| 第一部分
準　備 | → | 第二部分
實　施 | → | 第三部分
支　持 |

第 1 章
專業學習取向的授課教師主導觀察

　　Heather 在秋天早晨開車到學校的途中，細細回想最初四年的教學，她喜歡自己班上聒噪、有時笨拙，但卻迷人的學生——這也是她開始進入專業學習、成爲一位研究生的原因。Heather 感謝她在專業上所遇到的挑戰——特別是她在教授數學時面對到許多學生的獨特需求——這時常讓她對教師生涯發展的下一步感到困惑。許多優秀的教師確實啓發了她，Heather 也培養出與他們一樣的能力，但是她的教室常常像是一座孤島。經年累月的教學生涯，她從未感受到有所改變。Heather 照著教師手冊進行教學，追蹤學生的進步情形，但是她希望有一個方法能讓身爲教師的她，獲得專業發展的回饋。行政人員以他們的方式到 Heather 的教室中進行正式或評鑑形式的觀察，她總是獲得很高的評價，但是這些觀察並未對 Heather 的教學產生有意義的影響。

　　Heather 的學校提供許多專業發展主題，例如識字策略、學區最新的線上評分軟體，她經常參與這些課程，即使她盡其可能地在課堂中實施這些策略，但無法感受到自己在教學上有所進步。沒有人觀察她的教學，或者在她做得很好的時候肯定她的努力，而且學校通常不會提供任何後續資源來支持目前正在進行的教學變革。想當然爾，她的學生也不會費心去說：「喔，我眞的很感謝妳今天上午在班上所使用的逐步釋放責任的教學技巧。」

11

想到這，她笑了出來。

　　她回想，以學生學習為中心的專業並沒有同等地聚焦在提供培育教師的學習機會上，這真是令人驚訝。就像一些資深的教師，Heather 在專業發展進程中感受到愈來愈多的挫折，因為在職訓練的內容與她日常教學的實際情況完全脫節。雖然這些專業發展的主題讓她很感興趣，但是卻不知道該如何將這些新的方法融入運用到教學與班級之中。

　　當 Heather 抵達學校的停車場，她領悟到這學年要做的是必須使用能刺激專業成長與滿足感的方式，來精進自己的專業學習。

教室中的學習

　　教學是活用在內心的專業，驅使你每天精益求精。我們從花費在教室中的多年時光中直接了解這件事。就像你一樣，我們耗費了許多時間在教室外的研習，思考如何激發那些看起來總是分心的學生投入學習，在學生早晨到校之前，我們納悶著該如何使學生更容易理解我們想要傳達給他們的某一個概念。學生就是我們的一切，讓我們抓狂、精疲力竭、心力交瘁及時刻掛念，不管是教第一年還是已經教了 20 年，這樣的經驗或多或少都會引起共鳴。我們遇到的教師們幾乎都會提到一件事：渴望精進——有更好的能力與學生一起去做有意義的改變。

　　因為教師都有這種精進的意念，你有可能早就同時進行著許多不同的努力。也許你最近參加了研討會或是工作坊，在午餐時與同事分享教學策略或評量方式，很有可能年復一年地修訂教案以符應學生特殊的學習需求。藉由這些或其他方法，持續不斷地為精進教學而奮戰。然而，就像 Heather，每天自顧自地進到教室，大部分教師發現到自己缺乏工具來評量他們是否有所改善，也缺乏在教室裡師生互動與傳達教學內容的情境

下，進行教學探究的方法。

　　因為你在教室中的任何行為都很重要，這本書提出一個按部就班的方法來跨越這一道障礙。事實上，許多研究明確指出，對於學生成就的影響，教師比任何一個關於學校的其他因素都更為關鍵。[1] 然而有意義的專業發展機會——改進教室的日常行為——常常是不符合需求的。

專業發展的情況

　　在任教的第一個學期，Heather 在數學課程中發現一個問題：學生在 2-3 人的團體討論中能夠正確地解決問題，但是到了單元測驗時就遇到困難。她懷疑箇中原因是未能給予學生適度的獨自練習的測驗。最近她參加一個工作坊，學習如何逐步釋放給學生責任以達到學習精熟，這個策略包括教師示範（我做）、共同進行作業（我們一起做），以及學生的獨自練習（你做）。

　　Heather 這幾年來使用了這個策略的某些元素，現在她決定聚焦在使用釋放責任給學生的策略來強化學生的表現。當在班級實施這一個策略時，她不確定是否具有成效。與工作坊中所感受到的相比，教室情境、教學內容與學生的狀況，令人驚訝地複雜許多。她心想，如果這時候背上多長隻眼睛該有多好，這樣就能夠看到釋放責任給學生是如何運作的了。

　　理論上，專業發展是一個很好的概念，在工作坊、研討會及會議

1　National Commission on Teaching and America's Future, *What matters most: teaching for America's future* (New York: National Commission on Teaching and America's Future, 1996); A. Lowrey, "Big Study Links Good Teachers to Lasting Gain," *New York Times*, January 6, 2012; L. Darling-Hammond, "Teacher Quality and Student Achievement: A Review of State Policy Evidence," *Education Policy Analysis Archives* 8 (2000): 1-44.

中，專業發展將創新的想法及工具置入教學世
界中。不幸的是，專業發展就僅僅如此；在實
務上，傳統的專業發展方式不足以對教師在教
室中的教學有深遠的影響，而可以確定的是，
當專業發展未能影響教師，也就無法影響學生。

> ▶ 關鍵點
> 假如專業發展不能夠影
> 響教師，可以確定的是
> 它也將無法影響學生。

　　爲了了解這個問題，讓我們檢視專業發展無法產生功用的三個原因：
(1) 教師處於被動接受者角色；(2) 將訓練轉移到教室的挑戰；(3) 欠缺練
習與改進新教學策略的機會。當閱讀以下單元時，請仔細想想你對於專業
發展的體會，並且看看有哪些地方觸及你的痛處。

教師處於被動接受者角色

　　在擔任教師的歲月裡，我們在開學時可以看到一個樣貌：在我們備
課、在影印機前排隊等候時，我們疑惑著今年學校將會選擇關注些什麼？
不可避免地，開學日那天學校主管或者是校長就會分享他所閱讀的書，或
者參與的研討會，並且啓動本年度精進創新的計畫。這些新觀念從新的合
作架構到一系列的識字策略，總是來自領導者的滿腔熱血，然而教師們對
於這些新的觀念卻是興趣缺缺，我們懷疑這樣的作爲能否有效地協助我們
處理來自學生與教學內容上的挑戰。

　　這種專業發展方式的缺點十分明顯：專業發展機會沒有將你的貢獻與
經驗納入課堂中，所以使教師處於被動接受的角色。研究指出這是「常規
模式專業發展的主要限制」之一，[2]這無須感到訝異。當教師的聲音及觀點
不能引導專業發展的焦點時，這些努力便無法眞實回應教師在教室中所面
臨的挑戰。無庸置疑的是，當教師閒散地坐在會議室，學習著無法回應其

---

[2] C. J. Casteel and K. G. Ballantyne, eds., *Professional Development in Action: Improving Teaching for English Learners* (Washington, DC: National Clearinghouse for English Language Acquisition, 2010), http://www.ncela.gwu.edu/files/uploads/3/PD^in^Action.pdf.

所面對的挑戰及興趣的內容，這些內容便無法穿透教室的高牆，創造出有意義的教與學的改進。

教師在專業發展上處於被動接受者的角色，會導致他們不能持續地付出努力，許多資深的教師明瞭，他們在學校的教書生涯要比現在的領導者在位的時間更久，就像是旋轉門一般，專業發展的焦點隨著領導者的更迭而不停地轉換，這種週期性的焦點轉移，使教師無法有足夠的時間用這些專業發展轉化教學與學習。

進一步來說，當教師是專業發展的局外人，他們不可能會完全相信他人的決定（尤其是決策者並未共同參與他們日常的教學經驗）。教師與校長都認為缺乏共識會造成阻礙，當領導者在致力發動專業發展時，若未能讓教師在教學及專業上有信賴感，教師便不可能在這個時候去做有意義的投入。

教育界的領袖 Tony Wagner 貼切地指出，學校進步的動力不僅僅是教師的共識，教師自主也是重要的關鍵。他提到：「如同一位好老師創造出能讓學生建構新知識的環境，領導者必須提供教師學習機會，以『建構』其對世界、學生及工作的新想法，並且讓教師能夠同時『掌握』問題及答案，而非只是被動地接受。」[3]

當領導者創造出空間，讓教師注意到這些專業發展努力的焦點時，教師才會對這些議題產生擁有權，無須訝異的是，這些議題會轉移到教學的改善。

> **給校長的便利貼**
>
> 對於學校專業發展施行的關鍵，你即使不了解全部，大概也知道許多，當你閱讀這個與下一個部分時，思考一下如何改善專業發展的推動。舉例來說，在回應教師個別需求、可應用在教室情境及持續長時間的架構下，深思該如何使用授課教師主導的觀察去提升專業發展的實踐，讓教師能有時間施行與精進新的教學策略。

3　T. Wagner, "Leadership for Learning: An Action Theory of School Change," *Phi Delta Kappan* 82 (2001): 378-383.

　　只要教師依舊是被動地參與，專業發展將達不到其潛在的效果，唯有領導者給予教師空間引領其自身的學習，專業發展才能獲得足夠的引導力量，以改善教學以及影響學生的學習。

將訓練轉移到教室的挑戰

　　在某一方面學習到的某項技能，不見得能應用在其他事物上。為了說明這一點，你可以想像在初級的代數課程中，要一位精熟課本習題的學生用數學方程式去描述真實生活中所遇到的問題。對於數學以及教學來說，從一個情境轉換到另一個情境是一項挑戰，現有專業發展的努力成果很有問題，教師努力地將在訓練課程中所學到的知能轉移到教學現場，但在過程中卻時常發現遇到極大的挑戰。

　　當專業發展的本質具有較高的理論性時，轉移將會特別的困難，以至於產出概念多過於實際的教學策略。研究指出，專業發展的主題「在概念與實作上都時常與教室實際情形相去甚遠」，[4]即使專業發展是基於教室本位與實務策略，透過角色扮演、影片、案例來學習，學習成果還是很容易在研習中心到教室之間流失。正如同數學問題，當你在一個新情境下實施一個教學策略，你對該策略的理解可能開始變得模糊。

　　每個教室都是一個新的情境，這種源自個別學生及文化獨特性所造就的變動本質，要求教師在每天、每一節課要適切地應用不一樣的策略。在同一所學校的不同時期，任何一個在不同節次使用相同教案的教師，都能證實教學的效果與學生個性、學習風格及教學時段等有所關聯。午餐後昏昏欲睡而變得安靜的學生、上完體育課而浮動的學生，需要的是不同的教學策略。

　　「教學工作的每一刻都很獨特——學生各有不同、教師各具特色，兩

---

[4] Casteel and Ballantyne, *Professional Development in Action*, 21.

者在特定的課程中交會出特別的想法與火花。」[5]這些教室特別顯現出傳統專業發展方式所面臨的挑戰，因為放諸四海皆準的方式並無法道出每個教室的個殊性。在會議室中與同儕討論如何實施教學策略，比起將相同的教學策略應用在有 25 位學生的六年級教室中單純許多，我們常常要等到將教學策略置入圍繞著 25 位學生的教室之中，才會看到實施上的複雜度。在專業發展的背景下，這是無法取代的經驗。

　　將專業發展移到教室之外，就像是只用 Power-Point 教人游泳一樣，學習游泳同時需要內容詳盡的教學以及練習。同樣的，將專業發展侷限於會議室的象牙塔裡，會無法在所屬的學生、教材內容及教室中，去深入探索新的工具與新的策略在教學上的應用。最有效的方法是減少專業發展所需的轉換，也就是將專業發展置於教學所在的場域：教室之中。教師花費最多的時間在教室當中，因此這意味著大部分具影響力的專業學習會在這個地方產生，而不是在餐廳或者會議室裡。教室本位的專業發展可以促進教學觀察，但這只有在向同事開放我們的教室，讓我們的教學變成透明時，才會發生。[6]當專業發展和教室中的教學相連結，它才能針對特點量身訂做——幫助你連結理論與實務間的差距。而這就是我們在本書之後各章節所要論述、得以用在你的教室之中的那種專業發展。

> ▶ 關鍵點
>
> 當專業發展和教室教學相連結，才能針對特點量身訂做——幫助教師連結理論與實務間的差距。

5　D. L. Ball and D. K. Cohen, "Developing Practice, Developing Practitioners: Toward a Practice-Based Theory of Professional Education," in G. Sykes and L. Darling-Hammond, eds., *Teaching as the Learning Profession: Handbook of Policy and Practice* (San Francisco: Jossey-Bass, 1999), 10.

6　R. Elmore, *Bridging the Gap Between Standards and Achievement: The Imperative for Professional Development in Education* (Washington, DC: Albert Shanker Institute, 2002), 29-30.

欠缺練習及改進新教學策略的機會

你會期待學生在一堂課之後，或者是鮮少嘗試、少有回饋的情況下就能精熟新的單元內容嗎？身為教師，你知道實際且能深思熟慮地應用是有效教學與學習的關鍵。如果你的經驗與我們類似，那麼你應該參與過無數一次性的專業發展研習，其涵蓋的主題包括了最新的電腦軟體、學生參與策略、新的行為轉介系統，以及其他的許多主題。無論內容是否與你的課堂有關，象牙塔性的工作坊無法對教學效能產生深遠的影響。「一次性的工作坊與事先安排好的研討會，雖然對建立理解與技巧可能有效，但是不足以促進教師合作與改變。」[7]教師在專業發展中能夠持續一段時間去探索相同的內容，並進行多次練習與回饋，誠屬罕見。

期待一個教師在沒有個別練習之下，就能落實新的教學策略，就如同期待一個藝術家沒有練習繪畫，便可以創作出如梵谷或畢卡索的作品，或者就如同期待運動員在觀看比賽影片後，並未在場上實際練習就達到職業選手的表現。運動員有專業的技巧，是在研究他人表現後進行練習，一而再、再而三的練習，並透過他人觀察後所給予的回饋，來提升他們的技巧。教學也同樣的需要反覆練習、回饋、省思與要求精確，才合乎情理。這樣的看法要求專業發展必須包括有持續性的教室應用與精進機會。

教師們太常在專業發展研習後，獨自回到自己的教室，孤獨地解決問題。這樣的方式是有問題的：「在他們實際教學的場域裡，教師幾乎沒有機會持續學習與反思他們自己的教學策略與方法，教師也幾乎沒有機會可以在上課的教室裡觀察同儕的教學或是被同儕觀察，相同地，他們也幾乎沒有機會可以與在其他學校任教，且面臨同樣問題的教師們互相觀察與學習。」[8]沒有同儕合作、實踐策略及缺少回饋，教師將難以修正適合學生學

7　N. Claire, "Teacher Study Groups: Persistent Questions and Promising Approach," *TESOL Quarterly* 32 (1998): 466.

8　R. Elmore, *School Reform from the Inside Out* (Cambridge, MA: Harvard University Press, 2002), 127.

習的教學實踐。

　　精心的練習——「仔細地監控表現，以提供線索，找出進一步改善的方法」下的練習——是一種後設認知的努力。[9]任何教師皆能證實，要監控自我的實際教學是一項挑戰，更何況加上 25 位學生的學習需求，因此透過合作方式提供另外的觀點及專家意見，這樣的精心練習才最為有效。運動員從教練處獲得回饋，外科醫生從同儕處接受審查，但教師有史以來就是一個孤立的專業。當教師從持續、合作、連結到工作的學習機會中接收到有意義的回饋，才能夠讓教師更具效能。不幸的是，傳統的專業發展方式沒有這樣的觀點。

　　欠缺正式練習與改進的機會，應用所學的能力將會被教室日常需求所掩蓋。課堂中有三位學生耐心地等待提問的同時，消防演習打斷了課程進度，兩位學生已經完成今天的作業，新教學策略的施行與反思在待辦事項清單中落到很底下的位置。當專業發展包含了與同事一起合作進行審慎練習的時間，就是提供時間讓你投資在把要做的事情做得更好。畢竟，這就是專業發展的目的。

授課教師主導的觀察

　　在批改完一堆結果令人失望的測驗後，Heather 走進休息室喝杯蘇打水，「我該怎麼做？這一切都不管用。」她問自己：「我一定遺漏了什麼。」在休息室裡，Heather 對兩位已成為親近朋友的同事——七年級社會科教師 Jay 與二年級數學教師 Margaret——訴說教學上的挫折：「在這個單元的最後，我有信心學生會發展出必要的計算能力，但是我未能達到這個目標，學

9　K. A. Ericsson, R. T. Krampe, and T. Clemens, "The Role of Deliberate Practice in the Acquisition of Expert Performance," *Psychological Review* 100 (1993): 368.

生在團體學習時做得很好，但是到了獨立作業時，卻未能精熟。我已經改變教學方式，我開始更加注意專業發展最後一天我們所複習的逐步釋放責任這種方法，但我希望能夠學到如何更有效率的實施這種教學方法。」Jay 與 Margaret 點點頭，認同 Heather 所說的。當他們討論可以使用的策略時，Heather 有一個想法，也許 Jay 與 Margaret 能夠去看她的教學，並提供他們的看法，Jay 與 Margaret 能夠發現教室裡發生了什麼，找出讓她的教學可以做得更好的線索。「但是讓他們進到我的教室可能會有一點尷尬。」Heather 想到附近學區的一位教師 Fernando，曾提到他的學校如何進行類似的觀察，他提到一個觀察歷程，稱之為授課教師主導的觀察。Heather 曾向 Fernando 請教相關細節，如果在 Fernando 的學校可以行得通，或許她的教室也可以。深深地吸了一口氣，Heather 提出一個請求：「Jay、Margaret，你們願意到我的教室來看我如何教學嗎？我想你們能夠幫我蒐集到教室裡發生了什麼，也許能夠一起想出有效的釋放責任的方法。」Jay 與 Margaret 同意了。

　　傳統專業發展方式的缺點需要改變，然而這些方式也突顯出專業發展轉移到教室以及教師主導其學習的良機。授課教師主導的觀察（TDO）開創了這個機會，當教師確認焦點並且規劃教室觀察，TDO 能夠引導教師學習，並得以練習及精進教學方法，在教室中穩固地厚植專業發展。

　　經歷教學觀察是大部分教師在工作上的專業條件，我們要請你將自身經驗（不管是正面的還是負面的）置入其中，並且開放心胸來體會一個新的經驗，藉由授課教師主導的觀察，成為一位透明的教師，體驗不同於以往觀察的兩個面向：第一，是授課教師主導，由你主導將專業發展置入教室；第

> **關鍵點**
> 在授課教師主導的觀察中，主要的學習價值所在是針對被觀察的教師。

	目的	誰主導整個歷程	主要的學習獲益者
一般觀察模式	典範教室觀摩	觀察者	觀察者
	評鑑教師的效能	行政人員	行政人員
TDO　授課教師主導的觀察	蒐集資料以說明與改進教學	被觀察的教師	被觀察的教師

圖 1.1　授課教師主導的觀察與一般觀察模式的比較

二，不管過去你所經驗的觀察是基於評鑑的目的，或者是確認你的最佳表現，授課教師主導的觀察首重在蒐集並檢視教學資料，用以說明與精進你自己的教學。

　　主導教師與觀察者，在授課教師主導的觀察中有別於其他以往的觀察模式。不同點展現在三個方面：(1) 觀察的目的；(2) 誰主導觀察；(3) 誰是主要的學習獲益者。圖 1.1 說明了這些差異，授課教師主導的觀察與其他觀察模式主要的差異，將在下一章仔細地探究分析。

　　使用 TDO 之前，讓我們檢視 TDO 歷程如何面對並處理傳統專業發展方式的不足之處，每一個部分都將讓你準備好進行授課教師主導的觀察，讓你清楚了解它如何能夠增進你的專業成長與學習：

• **TDO 讓教師主導他們自己學習的歷程**：讓教師堅定負起專業學習的責任。TDO 直接道出教室中所面對的挑戰，因為能夠確認你的觀察焦點，引導觀察者關注焦點。透過這樣的歷程，專業發展得以在你的教室經驗中，回應你的學生與教學內容的需求。主導學習並不是意味著忽略在教室外所學到的創新的專業發展想法，相反的是，TDO 給予機會聚焦新的概念，提升學生的學習。

• **TDO 讓專業學習置入教室情境中**：教師主導排除了在自己所屬的教學脈絡中從事專業發展時面臨的轉化難題。觀察者所蒐集到的基礎資料，

直接說明了教學與學生學習兩者息息相關，只要具有課程內容與學級程度這兩種資訊，資料就能夠指出教學與學生學習之間的關聯性。這些資料有助於專業學習，能讓教師馬上得知並改變教學方法。

- **TDO 創造了實踐與精進的合作機會**：TDO 認為學習一個新的教學策略，需要的不只是閱讀和聆聽而已，TDO 能隨著時間而進一步提供應用所學與不斷精進的情境。當教師進入另一間教室，一起聚焦於蒐集驗證資料，他們就在彼此省思及精進教學。透過刻意練習，TDO 激發教師進行自我省思，這對精熟各種複雜實作練習而言都非常重要。

負起責任

　　雖然對於同事進班觀察感到緊張，Heather 有信心所蒐集到的資料，能對她所關注的焦點領域帶來專業、具有價值的建議。在教學的當下，她專注的是如何對學生進行教學，這意味著她無法同時探究她的教學，以及與學生學習之間的互動歷程。例如：她無法說出她在釋放責任給學生上做到多好，足以讓學生獨立完成個別的計算作業。就是這裡，她知道透過同事的觀察與聆聽，可以讓事情有所改變。

> **關鍵點**
> 在 TDO 中，由主導教師界定觀察的焦點。

　　儘管有些不確定，Heather 能夠預見打開教室並與同事討論她的教學，可以提供她上課時所忽略的資訊。她意識到，「這就是我需要的專業支持。」在所有的訓練課程結束後，讓我的同事進入教室並且看看我如何教學，不只能幫助我評估我的進展，而且能夠讓我一直繼續下去。

　　身為一位教師，即使並未試過 TDO，也很有可能感受過 Heather 的經驗。當同儕、行政人員或者任何一個人來做教室觀察時，教師都會感到

神經緊張，但不可否認的，總會在教學的某個時刻，會希望多一雙眼睛能夠看見學生當下的行為表現。到底學生對於你的教學內容吸收多少？當你以一個高輸出的模式，教授一堂有趣的、包含實質知識內容的課程時，在這樣的狀態之下，你很難立即評估你的教學和學生學習之間所產生的各種複雜因素。

擁有額外的耳目能夠讓你的教室完全不同，Heather 知道，因為她的心理與感官都被教學所占據，她的同儕觀察者能夠揀選出她無法看到的部分。他們寫下 Heather 與學生所提的問題，關注師生互動間的動態歷程，這個描述紀錄能夠提供線索，修正她的教學以及學生學習。TDO 成為縮小差距的工具，做到其他人難以達到的境界：看見在教學的當下真正發生了些什麼。

一旦體驗過 TDO 所提供的資訊，你可能會發現不能沒有它，教師使用 TDO 之後，TDO 會變成基本的實務。我們也注意到其他學校教師聽到 TDO 團隊所發生的點點滴滴後，便想要加入，一起參與。TDO 開始擴散到所有的教室裡。

TDO 開始大受歡迎，一位高中化學老師和英文老師合作精進學生課堂參與的技巧，三、四、五年級教師跨年級彼此相互觀察以修正、改進教學。他們的合作消弭了存在於不同學科領域及年級之間的高牆，擴大了專業成長的機會，教師透過創新性的結構觀察及對話，與同事們進行專業性的合作實踐。

我們寫作這本書是為了支持這個志向遠大，並且具有可能性的願景。在這裡，我們提供了一些讓你嘗試 TDO 的訣竅：時時刻刻記住以終為始；期待文化轉變，因為文化來自於所屬的領域；並認知到 TDO 有與專業學習社群結合的潛力。每個人實施 TDO 的經驗都不一樣，但你閱讀這些訣竅後，將能夠運用到所屬的情境中。

時時刻刻記住以終為始

　　什麼是 TDO 的終極目標？專業發展從研討會場地轉移到教室之中，TDO 道出許多傳統專業發展常見的缺點，然而其目標不只是單純的去改善專業發展，而是讓你得以負起專業學習的責任。TDO 的過程能夠讓你蒐集及分析可用來說明你的教學及增進學生學習的資料。

　　這不是一個渺小的目標，將目標集中於此，將使你跨越在行政配套事宜上，以及潛藏於情感中的障礙，在你閱讀後續章節時，你會看到支持這個方式的所有步驟。

期待文化的改變

　　當你做了改變，四周也跟著改變。就像是將小石頭（TDO）丟入池塘（你的學校）之後，會泛起陣陣漣漪。

　　TDO 的歷程挑戰了專業發展的一次性結構，開啟了教室本位、根植於工作場域的專業學習空間，TDO 也同時揭露教師本身的專業特

> ▶ 關鍵點
> TDO 的重點在蒐集及分析能夠說明你教學及提升學生學習的資料，得以主導自己的專業學習。

性──在教學場域中，教師從事「嘗試錯誤的個人練習，而不是公開且慎重的探究與實驗歷程」。[10] 本書所設計的實務就是用來扭轉孤立教室的舊文化，而成為透明的教室文化──教師可以建立專業互動關係並相互學習、砥礪教學且展現更好的技能。

　　TDO 也轉變了教師對教室觀察的期望。不再把觀察視為是評鑑的工具──與其說是真正成長的機會，倒不如說是一種「陷阱」──TDO 能讓教師使用教室觀察作為自己學習的工具。我們是第一個提出這種抱負的人。然而，在本書中重點介紹的幾十個例子，才得以說明這項工作如何讓學校文化有了真正的改變。

---

10 Ball and Cohen, "Developing Practice, Developing Practitioners," 19.

認知與專業學習社群結合的潛力

　　假如學校已經實施專業學習社群（PLCs），或許會懷疑 TDO 如何能夠與專業學習社群共同運作。事實上，學校在實施 TDO 時並不一定需要有專業學習社群，但兩者結合也可以有良好的運作。

　　PLCs 在結構及實際運作上，能夠支持教與學的改善，雖然實施方式各有不同，PLCs 在許多學區相當常見，在 TDO 的脈絡下更是重要。它們所引導的目標──以清楚與集體性的視角，合作探究並聚焦在改善所有學生的學習──與我們後續章節所探討的內容有直接緊密的聯結。

　　而重要的是，PLCs 並不是實施 TDO 歷程的先決條件，我們看過教師在學校既有的合作組織結構中──就像是 PLCs 的設計──實施 TDO，也看過學校成功推動 TDO，但沒有共備時間的安排。因此儘管 TDO 歷程能夠與 PLCs 的架構搭配得很好，或者與共備時間做配合，每輪的 TDO 歷程也可以獨自運作。

給校長的便利貼

PLCs 的前提精準地吻合 TDO 的目標，它顯示出──假如要成為能有效幫助所有學生學習的組織，在組織中的成人也必須要持續地學習。[11] 這些共同的目標讓 PLCs 與 TDO 的架構特別地相容。我們建議 TDO 能夠成為 PLCs 運作中關鍵的部分，特別是當社群使用學生表現的證據來說明教學實務時。在後記中將討論 PLCs 與 TDO 可能的互動。

▶ 關鍵點

學校在實施 TDO 時，並不一定需要有 PLCs，但是 TDO 的歷程和 PLCs 兩者結合也可以有良好的運作。有關統整 PLCs 和 TDO 的更多想法，請參見後記。

---

[11] R. DuFour, R. DuFour, R. Eaker, and T. Many, *Learning by Doing: A Handbook for Professional Learning Communities at Work* (Bloomington, IN: Solution Tree, 2006), 3.

結語

　　長期而言，TDO 能夠透過一些重大的方式來改變學校文化，讓這種願景鼓舞、激勵你，而不會不知所措。藉由閱讀這本書，你可以邁出這個旅程的第一步，你已經具備關於教室與同事方面所需的實施架構，他們會一路與你協力合作。一開始的運作不必要求創造完美的模式，但每一個步驟都會帶領你的專業學習走向有意義的實踐。

　　在後續的章節裡，我們為你的旅程提供出發點的脈絡以及所需的工具。透過教師在教室中的經驗，我們將讓你看見藉由向同儕開放教室並成為透明的教師，來主導專業學習的力量。

> ▶ 關鍵點
>
> 放手去做！TDO 並不要求創造一個完美的模式，但每一個步驟都會帶領你的專業學習走向有意義的實踐。

第 2 章
授課教師主導觀察的準備

　　Heather 知道當她把話說出口的那一刻，她已經跨出了一大步。透過邀請 Jay 和 Margaret 進入教室觀察她的教學，她知道她將會透過他們蒐集的資料，獲得新的見解。最重要的是：有了這些資料並且與同事相互合作，將有助於她看到教室裡發生了什麼事情。他們或許能幫她想出一些能改變學生學習的後續步驟。那就是她的目的。

　　Heather 有點緊張，但是沒有後悔的餘地。展望未來，她決定要確認自己是否清楚了解觀察的目標：如果她有確立的目標，Jay 和 Margaret 將能處於更有利的位置來幫助她。那天放學後，她打電話給 Fernando 請教更多有關授課教師主導的觀察（TDO）的資訊。Fernando 很興奮地談論著，他告訴 Heather，TDO 不同於他參與過的所有其他觀察程序。「妳知道很多行政人員只是進來，在他們的評鑑表格上打幾個勾，然後就離開嗎？」他問道，「嗯……TDO 是完全不一樣的。不再是由觀察者評鑑妳，而是由妳自己主導。妳必須自己界定想要觀察的焦點領域、選擇妳想要被誰觀察，以及他們要用什麼樣的資料蒐集方法。TDO 就是妳要負起責任，以及獲取妳想知道並有所學習的教室事物相關資料。」Heather 讓這個想法深植心底。這聽起來完全不同於她先前參與過的專業發展研習，在那些研習中，她與同事只是坐在餐

廳中聽取新教學策略的簡報，而這才是眞正的專業發展。

　　想像有兩位健行者準備前往阿帕拉契山徑健行一個星期。這條山徑長度粗估約 2,180 英里，它是世界上有標記的最長步道之一，每年有二、三百萬人走這條山徑的其中一段路。健行者的目標差別很大，有一些人馬不停蹄的走完了整條山徑，而其他人只走其中的一段。他們應該要把什麼補給品放進背包裡？應該穿什麼樣的鞋？要走哪段山徑？這些重要的細節全部都會因目標不同而有所差異。

　　任何新的嘗試──不論是阿帕拉契山徑健行，或是致力於 TDO（還有，相信我，TDO 沒有那麼痛苦）──都會因爲有清楚界定的目標而獲益。爲活動設定具體的目標，會影響活動流程的所有後續步驟。現在想像一下那兩位健行者心中有不同的目標：兩人都準備行走山徑的某幾段，但是其中一個人想要挑戰體力，每一天都走相當高的里程，而另一個人只想散步，享受優美的風景。健行者後續的計畫──從該打包的裝備，到在哪裡進出山徑，以及他們的身體狀況──這些都會反映他們選擇的目標。

　　如果命運的轉折，讓他們在機場交換了背包，那位認眞的健行者將會發現自己背著一臺沉重的相機和一本皮革精裝的日誌；而那位以享受風景爲目標的健行者卻只找到極簡的防水油布以及輕量的冷凍乾燥食物，兩人都因此感到沮喪。同樣的，如果沒有清楚了解自己的目標，並且依照目標來打包，他們兩人的這趟旅程也將會變得準備不足。如同健行，TDO 的歷程也是一樣：根據你陳述的目標來量身準備，會使得 TDO 能更輕易地符應這趟旅程的目標。

　　當教師準備參與 TDO 這種教學觀察時，會想弄清楚 TDO 的目標是什麼，以及不是什麼。熟悉 TDO 的歷程，你會因此受惠──就像是去山徑健行，當你知道拐彎處有什麼，你會走得更加輕鬆。你會想要熟悉主導教師以及觀察者的角色任務，這樣你就能知道輪到你上場時該期待些什麼。弄清楚 TDO 的目標、歷程以及角色，將能讓你準備好成爲一位透明

的教師——參與其實踐，並且促進你所追求的學習成長。

授課教師主導的教學觀察之目的

教學觀察是大多數教師專業生涯某些階段一定會遇到的，這些經驗會讓我們難以理解 TDO 的目的。事實上，TDO 的目的不同於其他觀察經驗，它是一種非評鑑性的歷程，其目的是蒐集和審視課堂資料，以說明和改進教學。簡要的回答就是如此，以下將做更詳細的回答。

> ▶ 關鍵點
> 授課教師主導的觀察，其基本宗旨是蒐集與審視能說明並改進教學與學習的資料。

從內而外打開教室，而不是由外而內

不像其他教學觀察模式，很多都是由觀察者主導其學習，TDO 將被觀察的教師置於觀察的主導者地位。TDO 是由被觀察的教師界定觀察的焦點、資料蒐集的方法以及觀察的內容。身為透明的教師，敞開教室大門並歡迎同事入班，這與一般示範性的教學觀察模式不同，示範性的教學觀察模式是在觀察者建立教學觀察的工具和策略時，由觀察者決定他們要觀察誰以及要看些什麼。

被觀察的教師和主導教師這種根本性的角色轉換，是 TDO 的關鍵要素。它將被觀察的教師安排成觀察的主導者，讓被觀察的教師能夠駕馭自己的學習。在你的教學脈絡中好好思考這種轉換，想像一下，當你坐在駕駛座上，你和你的觀察者之間的關係如何改變。在我們的經驗中，當觀察者變成你團隊中的一員時，這種觀察者與被觀察教師之間的關係，其生產力將會加倍的放大——因為他們變成資料蒐集者，因而帶給你成功。

給校長的便利貼

當你引介 TDO 給你的教職員時，我們建議你由討論 TDO 之目的這一段的每一項要素開始。用這種方式開始，會讓你的學校能用正確的基調來介紹 TDO。

蒐集資料是爲了幫助進步，而不是拿來問責

在教師的經驗中，教學觀察最常與評鑑連結。事實上，對很多教師來說，他們唯一會對觀察者打開教室大門，就是爲了評鑑。那也就是爲什麼大家對 TDO 的目的一開始很容易感到困惑的原因。Richardson 表示：「同儕觀察與評鑑之間這種可預知的連結，在整個教育界根深蒂固。」[1]不幸的是，當參與者錯誤地將 TDO 視爲問責程序，而不是視爲改進歷程時，他們破壞了 TDO 的目的。原因之一是教師可能會暫時性或澈底性抗拒參與他們視爲評鑑的歷程，換句話說，是因爲害怕評鑑──而不是害怕觀察本身──可能造成教師不願意去探索這個歷程。

第二個原因是，那些參與 TDO 歷程的教師，如果在心中認定它是以評鑑爲目的，可能會因此破壞 TDO：主導教師將會因爲不能掌控大局，轉而聽從觀察者，而觀察者也會對課堂觀察做評判而不是蒐集資料。

TDO 並不是將觀察用作評量的手段，而是將觀察用作一種工具，你可以用這種工具，從有別於教室前方的其他有利角度，來察看你的班級以及學生的學習情況。教學是需要投入百分百心力的工作，所以讓觀察者變成你的耳目，來替你蒐集那些你想蒐集，但在教學當下無法蒐集的資料。有了這些資料，你可以改進你的教學以及學生的學習。

植基於形成性資料，而非總結性資料

總結性資料得出結論；形成性資料提供即時的洞見。授課教師主導的觀察不是對教師教學品質下結論的所在，不是用來促進最終分析的對話，諸如：「他的教學是否有效？」TDO 創造機會去深入挖掘手上的資料，以及探索教學與學生學習之間的關係。換句話說，你的教學被評斷爲有效時，你可能會感覺良好，但它不太能幫助你了解哪些具體的做法可以

---

[1] M. O. Richardson, "Peer Observation: Learning from One Another." *NEA Higher Education Journal* 16:1 (2000), 9-20.

複製、精進或採納。對教師而言，課堂觀察資料的功用與學生評量資料相似，學生的總結性、期末表現資料或許有助於掌握趨勢，但是不太能告知教師如何立即改善教室中的教學。但透過審視學生的課堂作業可以提供一些見解，有助於教學能做即時性的回應。授課教師主導的觀察聚焦在蒐集可執行的、即時的、形成性的教室資料，幫助教師在未來的教學上做有意義的改進。

讓你把已經在做的事情做得更好，而非附加或獨立的做法

　　學校實施新方案和創舉時，經常沒有充分考慮他們如何相互支援，結果使教師在教學之外多了許多要處理的事項，造成教師難以承受。幸運的是，TDO 可以協助你整合這些已經在做的事項。比方說，學校正在實施州訂共同核心課綱。TDO 提供一個歷程，引導你審視在教學實務中如何實施這些課綱。如果你的學科聚焦在改善英語學習的教學策略，TDO 能為教學做出貢獻嗎？如果學科聚焦在培養學生高層次思考技能呢？TDO 可以有所作為嗎？當然可以！透過蒐集資料以及審視課堂中發生的事情，TDO 幫助教師把他們已經被要求要做的事情做得更好。它不是附加的，而是融入到現有工作中的一種由教師主導的專業學習。表 2.1 舉出部分例子，說明 TDO 能以哪些方式強化你的教學。

　　我們很容易理解，教師一開始可能不清楚 TDO 的價值。他們可能會問「誰會想要做更多工作或是額外的評鑑性觀察？」如果那樣理解 TDO，他們將沒有辦法從這個有價值的歷程中得到收穫。有時候教師對於課堂觀察先入為主的想法，可能會讓他無法從 TDO 歷程中獲得完整的價值。此處就是你可以做一些改變的地方：當你將 TDO 視為是授課教師主導的專業學習歷程時，你將能利用它來促進自身的進步。仔細閱讀本章和後續各章節，你將能區辨 TDO 的目的，從而重塑同事對它的看法。

表 2.1 TDO 可以提升現有教學品質的一些方式

如果你的學校……	你可以運用 TDO……
針對英語學習者的需求正在實施某些教學策略	審視這些策略與英語學習者學習之間的關係，以精進及改進教學實作
聚焦在提高學生高層次思考技能	審視課堂中學習機會的嚴謹性，並探索教學策略的應用是否有效幫助學生發展高層次思考技能
投入實施州訂共同核心課綱	辨認出具有挑戰性或繁雜性的某項課綱標準，並且使用 TDO 來探究你的教學，以及在這項課綱標準中，你的教學與學生學習之間的關係
透過專業學習社群，審視學生學習表現，以決定教學介入措施	透過合作性的審視和精進課堂中特定教學介入措施的實作，使你的專業學習社群層次更加提升
引入新的教師評鑑模式	界定新框架中你想要有所改進的領域，並使用 TDO 作為精進你在該領域教學的歷程
使用差異化教學來作為回應教學介入措施的一部分	針對那些被界定為需要接受教學介入措施的學生，使用 TDO 來審視教學及學生學習之間的關係

溝通TDO的目的

　　試想你是學校中唯一正在讀這本書的教師，你的同事對於課堂觀察很熟悉，但從來沒有一個人聽過 TDO，所以不知道它有哪裡與眾不同。如果你決定在課堂上使用 TDO，你必須邀請同事，並且向他們解釋歷程結構及他們的角色任務。沒有人會想參與他們不理解的事情（特別是沒有額外的時間來觀察！），但當你跟他們討論 TDO 時，你可以給他們一個充滿可能性的願景。

　　要了解「理解」如何直接影響「能力」，請參考以下例子。緬因州一所高中，鼓勵學生報名參加進階定向課程，四位諮商輔導教師中，有一位比其他教師明顯更有成效。她的學生並沒有比其他學生更有能力或動力，她只是單純地、更有效率地創造機會──描述這個課程是什麼、不是什

麼。因為她讓學生更加清楚，所以他們開始參與，並且在許多從前不曾想過有可能的事情上獲得成功經驗。

當你擔任主導教師時，為你的觀察者同樣做這些事，將能讓他們理解 TDO 的歷程及在其中的角色任務。在 TDO 歷程的早期階段，這些溝通是非常重要的，特別是如果你是以個人身分主動發起這個歷程（而不是透過團隊或全體教職員）。與任何其他新的歷程一樣，框架很重要，特別是當你和同事對 TDO 的歷程都還在學習時，準確地傳達 TDO 目的的訊息可以建立興趣、減少焦慮，並促進參與。

當主導教師與觀察者溝通時，向他們說明其角色任務（本章稍後會對這個主題有更多的討論），以及在歷程中取得主導權，對你來說非常重要。當你清楚地說明你的目標時 —— 從他們蒐集的資料中，知道你某個特定範圍的教學情形 —— 你也將會同時傳遞 TDO 的目的。確立了觀察的明確焦點，以及選擇資料蒐集方法供觀察者使用（這兩個主題將會在第 3 章深入探討），將確保能獲得對你而言很重要的資料，它還將強化你擔任領導者和主要學習者的角色。溝通 TDO 目的與角色任務的最佳良機是在一開始時 —— 不能等到產生了誤解，或者更糟糕的，在付諸實踐之後，才來進行溝通。

給校長的便利貼

TDO 在學校中能否成功，你的溝通極為重要。從一開始，你應該清楚地告知大家 TDO 並不是評鑑性的，透過將它與學校現有的觀察和評鑑模式並列比較，你可以把 TDO 與其他歷程區隔出來。當你協助教師了解 TDO 的目的是蒐集所需的資料，以幫助他們改進教學時，教師將更能用開放的思維及有益的態度來參與這個歷程。

▶ **關鍵點**

為了有效地溝通 TDO 的目的，主導教師必須非常了解觀察者的角色任務、教學觀察的目標與焦點，以及蒐集資料的方法。

TDO的歷程

　　「好的！」Heather 回答 Fernando：「多告訴我一些，它是如何運作的？」

　　「嗯……首先，妳要召開一次會議，讓妳的觀察者了解妳現在正在教的內容，以及解釋妳的焦點問題，他們在妳指定的時間入班觀察。然後，妳們見面做個簡要的回饋會談。」Fernando 解釋道。

　　「所以這整個歷程是圍繞著我以及我的專業成長。我懂了。我需要做好準備，以便我能因此而有最多的收穫。」Heather 說道。

　　身為一位教師，從任教的課程經驗中了解到，我們能從事先準備及事後檢討中獲益良多。同樣的，觀察本身不足以改變教學。若沒有針對觀察進行準備，甚至更重要的，沒有討論所蒐集資料的意義，教學觀察不可能產生長期的結果。為了使 TDO 成為專業學習的強大工具，觀察必須搭配觀察前會談和觀察後回饋會談。如果你遵循底下詳述的每一個步驟，將可以確保擔任主導教師的你，獲得你所聚焦領域相關的資料，然後將轉換那些資料來改進教學：

- **觀察前會談**：這個會談是你為觀察搭建舞臺的機會。會談中，你會與觀察者分享你的焦點問題──你想在這裡有更多的學習，以期改善你的教學。你也會簡要地描述課程脈絡以及行政配套事宜，包括觀察將在什麼時候舉行、他們將採用什麼樣的蒐集資料方法。你的觀察者會有機會詢問他們仍然不了解的問題，讓他們能更加清楚知道這次教學觀察的目的是：蒐集你想要的資料。
- **觀察**：觀察是最主要的活動，是蒐集你課堂資料的場合。觀察者將來到

教室，準備好去執行你要求他們做的事情：抄錄學生的對話或是你提問的問題、追蹤你的移動、描述學生行為，或是從教室裡的許多其他資料中蒐集細節資訊。觀察者結束觀察時，手上會有許多觀察資料，以備在觀察後回饋會談中與你分享這些資料。

- **觀察後回饋會談**：這個最後階段是分享與審視資料的機會。使用會談題綱作為引導，你和觀察者將一起分析資料。他們將會分享在你課堂中所蒐集的資料，而你會有機會討論這些資料對教學的意義。當你致力於達成教學目標時，依循「所以呢？」以及最終「現在該怎麼辦？」這樣的問題，將確保你能達成教學目標。這是表現 TDO 核心的時機：蒐集到的資料變成是改進學習和教學切實有用的資源。

抄捷徑很誘人 —— 我們知道「時間」是學校中最為短缺的資源之一。但是，忽略任何一個步驟，對 TDO 來說，都是極具災難性的。舉例來說，如果你沒有花時間界定一個焦點，並且告知你的觀察者，這次觀察將會像矇著眼睛射擊；或者，如果你不安排觀察後回饋會談來分享、審視和討論觀察中得到的資料，你將無法從同事集體的經驗和想法中獲益。主導教師和觀察者雙方都應該了解，參與 TDO 是一個由三方組成的承諾，而在此歷程的各個步驟中，每個人的參與都非常重要。

> ▶ 關鍵點
> 觀察本身並不足以改變教學。若沒有針對觀察進行準備，以及沒有討論所蒐集資料的意義，觀察不可能產生長期的結果。

TDO的角色

在 TDO 裡，被觀察的教師界定觀察的焦點。觀察者是資料蒐集者，他們仔細地為被觀察教師記錄資料。這些由團隊觀察合作所發掘的資料，將作為被觀察教師的學習來源。這一點非常重要：在 TDO 裡，主要的學習價值是針對被觀察教師 —— 這和那些觀察者主導的最佳實踐教學觀察模

式，或者評鑑者主導整個歷程的評鑑模式，有著顯著的區別。各種觀察模式之間的這些差異，表面上看起來很簡單，但實際運作上卻是有巨大的差別。

舉中學自然科學教師 Frank Bolton 所參與的觀察者主導的評鑑性觀察為例，收到觀察日期和時間的通知後，他開始準備教材和教學計畫，以便被觀察時能夠表現得特別好。當這一天到來，觀察者進入教室，拿以評鑑為目標的教學模式來與 Frank 的教學表現做比較，記下相關的資料。在這個歷程中，Frank 可能會覺得壓力很大，因為知道他工作的某些部分可能會受到這次觀察結果的影響。當觀察者最終收好東西並且關上教室大門離開時，教室內的師生才都鬆了一口氣。

現在，讓我們看看 Frank 參與 TDO 時有何不同之處。首先，他花時間省思他想要改善學生學習的某個所在。有了這個焦點，他提出了一個具體問題，在觀察前會談上要和他選擇作為觀察者的同事溝通這個問題，讓他們知道應該使用哪些資料蒐集方法來蒐集他所需要的資料，並回答所有的問題。在大家訂好的時間，打開教室大門，邀請大家進來，他感受到一種期待。Frank 教課時，觀察者用他們的眼睛、耳朵和經驗來蒐集 Frank 焦點問題的相關資料。當他們在觀察時，Frank 並不會為了想要表現完美而感到壓力：他想要獲得實際上發生了什麼的資料，而不是他怎樣表現才能為學生帶來什麼。課後，當同事與他一起分享他們蒐集到的資料時，他很感激能夠藉此增加他對於學生學習的洞察。

雖然把主要學習從行政人員或觀察者轉移到被觀察的教師身上，但每個參與者所接受的

> **給校長的便利貼**
>
> 為了幫助主導教師發揮關鍵角色，首先要提供機會讓主導教師界定其焦點領域。在學校中，校長在專業發展日保留一小時的時間，讓教師界定與發展教學觀察的焦點。這樣的機會強調了主導教師透過界定觀察焦點，從而掌控整個歷程的重要性。其次，你可以強調主導教師有責任引導觀察者的注意力和提供資料蒐集方法。透過這樣的強化，你可以清楚說明 TDO 歷程和其他觀察模式之間有怎樣的不同。

角色任務都具有重要意義。因此，我們將進一步說明在 TDO 中每位參與者的目的和角色。

主導教師的角色任務

在整個歷程中，主導教師坐在駕駛者的座位上。每一位 TDO 的參與者都有機會成為觀察者以及被觀察的教師。當你是主導教師（或是被觀察教師）時，你就要引導這項工作。你的領導角色須承擔四項主要任務：

- 為這次的觀察界定一個焦點。
- 邀請同事參與課堂資料的蒐集。
- 主持觀察前後的會談。
- 使用觀察者蒐集的資料來說明你的教學。

透過這四項主要的任務，你將對整個歷程定下基調並且領導之。有了這樣的思考，你會發現為什麼理解這樣的角色，對於建立成功的 TDO 經驗是非常重要的。我們將在後面的章節中更詳細地討論主導教師的角色，但現在，最重要的是要了解引導觀察歷程的人乃是主導教師。當你了解這一點，你的 TDO 經驗可以發揮其潛力，成為有意義的、由授課教師主導的專業學習的一種來源。

如果主導教師誤解了自己的角色，結果將會直接地大打折扣。試想如果被觀察教師未能掌控歷程，轉而使得資料蒐集歷程大開方便之門時，將會發生什麼事情。他能夠蒐集到適切相關資料，或者從這次經驗中找到真實價值的可能性，將會顯著降低。相似的，如果被觀察教師未能將自己定位為主要學習者，她可能錯誤地認為是擔任觀察的其他人在發展自己的技能，而不是幫助她發展技能，其結果是：她失去了一次有意義的專業發展機會。

觀察者的角色

　　現在我們轉換一下討論的面向。為了強調觀察者的角色，首先讓我們看看，觀察者在非 TDO 類型的課堂觀察中經常都做些什麼：在這些觀察中，你可以自由地觀察任何感興趣的事物；你的注意力可能會被學生的談話所吸引，也可能被那些安靜地坐在教室後面的角落、獨自工作的學生所吸引；你也許會注意到教師如何重新引導行為不當的學生；或是檢視貼滿教室一面牆的學生作品；也許教師給學生安排的那些作業引起了你的興趣，你搶了一份，坐在教室後面的桌上審閱起這些作業。你進入這間教室，可以彈性自主地將注意力導向任何你感興趣的事物上，而你的注意力確實會集中在你自己感興趣的領域。這可能會有助於你的學習，但對被觀察的教師則幫助不大。

　　相反的，在 TDO 中，你擔任觀察者的角色，你應該時刻警惕自己，要將注意力集中在被觀察教師所選擇的領域上。不是廣泛記錄那些可能會或可能不會讓教師有所學習的行為及訊息，你必須限縮注意範圍，以確保能深入蒐集資料，從而使你的團隊能夠進行扎實的觀察後回饋會談。

　　擔任觀察者，基本上就是一位資料蒐集者：記錄並分享資料。你的角色不是評鑑者，在課堂上，你不對觀察賦予意義或者下結論。相反的，你要抄錄、描述、追蹤或計算你所看到或聽到的事情。因此，任何教師——新任或資深、領域內或領域外的教師——都可以是有效的觀察者。

　　未能了解自身角色的觀察者，可能會帶著他認為教學有效或無效的結論來到觀察後回饋會談，但卻提不出充分的資料作為對話的脈絡。我們很容易理解，如果在觀察期間，觀察者急著下結論而不是蒐集資料，將會妨礙整個學習：如果沒有蒐集資料，參與者將無法分析資料。

　　到目前為止，你可能從未曾擔任過觀察者，但是我們預期你很快地就能掌握要領，並且很興奮地去蒐集資料。畢竟，如果被觀察教師是觀察歷程中一位有效的領導者，你會有清楚的注意焦點以及明確的資料蒐集方

法。當你閱讀後續章節，了解如何成為有效的觀察者和資料蒐集者，在走進教室時，你將能有信心，能把注意力聚焦在有助於被觀察教師的焦點問題上。

行政人員的角色

如果你仔細閱讀到了這裡，這一段的標題可能會讓你想問：「行政人員跟這事有什麼關係？我認為 TDO 是一個由教師主導及以教師為中心的歷程。」你說的沒錯，授課教師主導的觀察是由教師發起，並且為教師所用。但是，無論如何，學校行政人員還是不可避免地要參與這個歷程。他們可以是相當有見解的觀察者，並且可以協助處理與 TDO 相關的行政配套事宜。

基本上，TDO 是由教師發起，並且為教師所用。然而，學校行政人員可以是相當有見解的觀察者，並且有助於處理行政配套事宜。你可以推想，擔任主導教師，你的教學觀察以及相關會議將會需要投入時間。行政人員可以藉由分配資源來幫助你。我們看過有行政人員透過提供專業發展經費聘僱代課教師來支持 TDO，一些熱心的行政人員甚至自己幫忙代課。透過對校內總課表的檢視，行政人員也可以幫忙將有相同共備時間的教師加以分組。

無論行政人員如何參與 TDO，重要的是，必須將焦點維持在把 TDO 視為是由授課教師主導的歷程。行政人員的參與可能會立即混淆

給校長的便利貼

不要解除自己擔任非評鑑性觀察者這種角色的可能性。在教師與行政人員之間擁有強固互信關係的學校中，校長可以是一位有價值的觀察者。畢竟，校長可能比學校裡大多數其他的人花更多的時間做課堂觀察。從這些觀察中篩選出來的觀點，可以成為觀察後回饋會談的寶貴資源。校長也可能更知道在相似領域工作、可以幫助教學改進的教師（因此可以幫教師牽線，找到有益的夥伴關係），或者擁有來自對其他課堂教學觀察而獲得的大量點子。

▶ 關鍵點

基本上，TDO 是由教師發起，並且為教師所用。然而，學校行政人員可以是相當有見解的觀察者，並且有助於處理行政配套事宜。

了 TDO 的目的──尤其是如果行政人員也負責教師評鑑的話。因此，任何納入行政人員的決定，都必須是有意識的，而且符合校內現有的信任環境。

結語

　　如果你知道想要去哪裡，你就會知道沿途需要計畫些什麼。就像是準備要去阿帕拉契山徑的健行者一樣，了解 TDO 旅程的目的，將有助於你了解此歷程中的每個階段。對於此歷程中你應擔任的角色能有堅實的理解，將有助於你輕鬆完成每一項要素──從提出焦點問題、邀請同事，到進行觀察後回饋會談。

　　在下一章中，我們將詳細地審視授課教師主導觀察三個步驟中的第一個步驟。你將會看到如何主導進行成功的觀察前會談，並引導你發想出有意義的焦點問題。我們也會討論如何選擇團隊以及處理行政配套事宜。掌握了這些資訊，讓你能擁有知識與技巧，將這些想法付諸實行，並且就在你的課堂上創造有意義的專業發展機會。

第二部分

實　施

第一部分
準　備　→　第二部分
實　施　→　第三部分
支　持

第 3 章
觀察前會談

「嗨，Jay！星期四早上學校開始上課之前，你是否有空來我的教室進行 15 分鐘的觀察前會談？Margaret 說她可以，所以我想要確定你行不行。我答應讓這次會談儘量簡短，好讓你們可以準時回到教室上課！當你有空時，給我一封電子郵件，謝謝！」Heather 完成打字。她已爲三天後的觀察前會談定好時間，並且知道她有一些準備工作要做。首先，她必須想出她的焦點問題。她依然可以聽到 Fernando 的建議在她心中響著：「愈具體，愈好！」她抽出一張空白的紙，並且在頂端寫下：「關於我的教學以及我的學生，我眞正想要知道哪些事情？」幾分鐘後，她那張紙上變得更詳細了。

在全國各地的更衣室中都會發生這樣的事。有些時候，聲音吵鬧且尖銳，有些時候則是誠摯認眞、唱歌，甚至祈禱。在大賽之前，運動員與教練聚在一起進行賽前會議，有時候，這賽前會議看起來就只像是一次圍成一圈的或鼓舞士氣的談話，但它也經常聚焦在說明達成共同目標的策略。人們以個人身分進入這個會談，但離開時已然結合成爲一個團隊，準備全力以赴達到他們的目標。當所有參與者不僅參與「主要活動」，而且也參與主要活動之前進行的準備工作時，任何形式的合作性冒險──在董事會會議室內、在運動場上，或在學校某些建築裡──都是爲成功而安排的。

就好比教練在每一次比賽前會集合他們的團隊，主導教師也要邀請同儕進到教室，進行他們自己的賽前集會：觀察前會談。這些賽前會議有著相同的目標：說明主要活動的焦點以及概略敘述大家的角色。

授課教師主導的觀察（TDO）是一種在教室中進行、自始至終都由授課教師主導的合作式專業發展。作為被觀察的授課教師，你必須負起責任。你承擔著責任，要領導此一歷程、要求蒐集有助於你改善教學的資料，以及最後要承諾落實一些你可以用來支持學生學習的實質改進措施。那就是為何你被稱為「主導」教師的原因。而這些全部都開始於觀察前會談。繼續往下讀，我們預期將可以引發你對於你的教室以及觀察前會談等產生一些想法。

在本章，我們匯集了進行成功的觀察前會談所需的所有工具。首先，我們描述這個會談的目的，讓你清楚認識它如何有助於你達成目標。然後，我們幫助你提出一個詳細的焦點問題，以及選擇資料蒐集方法，以利同事精確地蒐集回答該焦點問題所需的資料。我們也幫助你充分思考，你應該邀請哪些同儕來幫你觀察。對教師來說，每天的工作安排可能很忙碌，所以我們蒐集了一些有用的建議，幫助你在觀察過程中能協調每個人的時間。我們也提供一些常見的錯誤，以指引你完成一次成功的 TDO 經驗。

觀察前會談的目的

觀察前會談可以說和觀察本身一樣重要。在這個會談中，它為觀察做好準備，讓所有參與者清楚知道你這位被觀察的授課教師希望達成的是什麼。這個會談使你擺脫消極被動的角色，轉而身居整個歷程的掌舵位置。

觀察前會談有三個要素（圖 3.1）。第一，你要清楚表達你的焦點問題。如果缺少這項基本步驟，觀察者進到你的教室，卻沒有聚焦的視角，將無法好好準備為你蒐集發生在教室中、能反映你的教學以及改善學

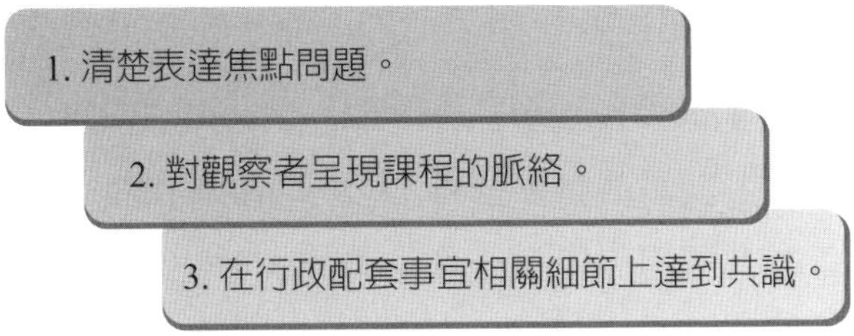

1. 清楚表達焦點問題。

2. 對觀察者呈現課程的脈絡。

3. 在行政配套事宜相關細節上達到共識。

圖 3.1　觀察前會談的要素

生學習的資料。第二，觀察者也許不熟悉你教學的課程內容，你要對他們呈現課程的脈絡。第三，你和你的團隊要對觀察以及觀察後回饋會談的行政配套事宜相關細節達成共識。簡言之，觀察前會談確保所有參與者都能準備好要有所貢獻。

> ➤ 關鍵點
> 觀察前會談可以說和觀察本身一樣重要。這個會談讓所有參與者清楚知道主導教師在這個歷程中希望達到的是什麼。

觀察前會談的準備

正如每一位教育人員所知，要完成一項計畫，魔鬼總是藏在細節裡。就 TDO 而言，這再正確不過了。為使你的效率最大化，你必須確定你的觀察焦點，以及處理行政配套事宜。

未能確定並告知觀察者你的焦點，就類似拜託房地產經紀人幫忙找房子，卻沒有先確定你要找新房子的規準，房地產經紀人可能帶你去看那些反映他自身利益而非反映你本人利益的房子。沒有一個較精確的焦點，TDO 最多只能產出平庸的結果，你將無法得到想要的資料，也將無法獲得能引導你改善教室中教與學的洞見。簡言之，如果你不能確定焦點，如何期待同事能蒐集適切相關的資料？

確定焦點問題

　　基本上，透過 TDO 變成透明的教師，就是要決定你想學習什麼。對觀察選擇焦點問題，就是清楚表達你想要學習的範疇的機會。擔任歷程的主導者，你最有能力發想出能探究你的教學與學生學習之間關係的問題。你或許想要提出好幾個焦點問題，但基於 TDO 的目的，你應該只選擇一個問題，這樣才能確保你的觀察者能在你的教室中蒐集有焦點且適切的資料。如果在單次的觀察中試圖回答多個焦點問題，將面臨無法好好回答任何一個問題的風險。

　　我們的答案至多只能與我們所問的問題一樣好，因此值得將若干心力用在發想貼切的、精確的焦點問題上。這個我們可以說上一整天，但那樣對你發想焦點問題不一定有幫助。所以，讓我們一起走過此一歷程。

> **▶ 關鍵點**
> 擔任主導教師，你或許想要提出多於一個的焦點問題。記住，只選擇一個焦點問題，以確保所蒐集的資料能回答此問題。

　　你已經知悉焦點問題的目的：從資料蒐集中，學到一些有關你的教學與學生學習之間關係的事項。現在，我們希望你想像自己是一隻蒼蠅。（在這件事情上，請相信我們。此外，在某種程度上，你難道不想知道，觀看你教室中所發生的事情，會像是個什麼樣子嗎？）只管變成蒼蠅，並且在自己教室的牆上找到一個想像的棲息處。

　　你現在有了一個新的有利位置，你有機會接近自己的盲點──那些當你在教學時不會，或者不能知覺到的地方。教學耗費很多專注力，但從這個新的（即使是想像的）觀點，你會看到什麼？你會有什麼問題？現在盡速記下你的想法，然後我們將繼續下去。為求了解更多詳情，讓我們放大來看。

　　首先，將注意力集中在你這位教師身上。看看你如何在教室各處走動，聽聽你所說的，以及你如何回應學生的問題。當你使用上個月在專

業發展中學到的新策略時，則請注意課程教學中用到新策略的那一刻。從這個有利的位置，它是如何進行的？你會想要得到更多關於什麼事情的資料？這些地方可以突顯出潛在的盲點，而這些盲點可以用所蒐集到的資料來加以說明。與教學有關的有效焦點問題，可能是「我如何能更有效地使用閱讀工作坊，讓學生有與文本互動的機會？」或者「我問學生較高層次的思考問題，應該從旁協助學生到怎樣的程度？」即使你還沒辦法用完美的措辭來描述問題，但現在就針對任何你想要獲得更多資訊的地方，把你的想法寫下來。

> ▶ 關鍵點
>
> 焦點問題的目的是透過所蒐集的資料，學到一些有關你的教學與學生學習之間關係的事情。

其次，將注意力集中在你的學生身上。對你所說的，他們有多了解？當你講話時，看看他們的眼睛看向哪裡，並且聽聽他們發表的意見。他們何時走神？擔任他們的老師，你已經知道許多事情，例如：你知道他們的考試分數以及他們的習慣，所以不需要在焦點問題中去尋求這種資料。作為一隻牆上的蒼蠅，你可以看到（或想像到）學生的哪些事情，而這些事情是當你在教學時所不知道的？在這個視角中，能有所幫助的問題也許是：「哪一種形式的教學最能促進任務性合作小組進行學習，特別是當我不能徘徊在特定一個小組旁邊時？」或者「我逐步釋放責任的速度，是否促使學生了解如何計算莫耳質量？」

用你想知道學生哪些事情的語彙，寫下你發現的任何問題，你的問題如果無法像我們所列舉的範例那樣精緻，不要擔心，有朝一日，你也可以達到這樣的地步。現在，就只管寫下來。觀察的美好，就在於其目的是蒐集你所關注問題的資料，而這些資料將闡明我們的盲點。

給校長的便利貼

你可以藉由提供諸如表3.1 所列的那些資源，來協助教師選擇焦點領域。展現你自己對改善教學的開放性以及意願，也可以對教師示範這樣一個歷程。此外，你可以為教師提供範例性的焦點問題或機會，合作發想出焦點問題。

　　如果你還在想焦點問題，表 3.1 列出一些重要資源，這些資源聚焦在教與學相關的策略。事實上，如果你還沒有如同我們剛剛所提供的範例，想出與現有需求有關的焦點問題，你可以藉由嘗試使用表中所列資源之一所提到的新策略，來創造新的需求。

　　你選擇的焦點問題應該是一個自己無法回答的問題，而且，它應該需要從教室觀察來蒐集資料。教師問：「我的學生能否解多步驟文字題？」和教師問：「我在課堂上所提問的問題，如何幫助學生理解多步驟文字題所需的解題步驟？」想一想以上兩者之間的差異。第一個問題可以透過學生的作業樣本來檢視，然而第二個問題，則必須審視教師發問的問題以及學生是否理解的證據，諸如學生的對話，或者學生掌握某項學業任務的步調。你的觀察者是寶貴的資源，要確定你的焦點問題需要他們幫忙蒐集資料，否則你在教課當中沒有機會獲取這些資料。

> ▶ 關鍵點
>
> 主導教師所選的焦點問題，應該是他或她無法獨自回答的問題。

表 3.1　以研究為基礎的教與學策略相關資源

Janet Allen, *Tools for Teaching Content Literacy* (Portland, ME: Stenhouse, 2004).
Ceri Dean, Elizabeth Hubbell, Howard Pitler, and B. J. Stone, *Classroom Instruction That Works*, 2nd ed. (Alexandria, VA: Association for Supervision and Curriculum Development, 2012).
Jon Hattie, *Visible Learning* (New York: Routledge, 2008).
Bill Honig, Linda Diamond, and Linda Gutlohn, *Teaching Reading Sourcebook* (Novato, CA: Arena Press, 2000).
Madeline Hunter, *Mastery Teaching* (Thousand Oaks, CA: Corwin, 2004).
Doug Lemov, *Teach Like a Champion* (San Francisco: Jossey-Bass, 2010).
Robert Marzano, *The Art and Science of Teaching* (Alexandria, VA: Association for Supervision and Curriculum Development, 2007).
Jon Saphier, Mary Ann Haley-Speca, and Robert Gower, *The Skillful Teacher*, 6th ed. (Acton, MA: Research for Better Teaching, 2008).

　　有時候，看看別人是怎麼做的，將會有所幫助。讓我們回到 Heather 的故事。本章稍早，我們看到她安排觀察前會談的時間。這時候，她正在發想一個能有助於她更有效教導七年級數學課堂學生的焦點問題，請注意她提出來的這個問題，如何對後續觀察的資料蒐集提供重要的脈絡：

　　　　Heather 的學生學習了立體表面積的計算，一些學生已經學會，但其他學生需要較多的指引。她使用逐步釋放責任的方式，協助學生在沒有她的幫助下，能獨立進行這些計算。她的策略包括教師示範（我做）、共同參與學習任務（我們做），以及其後的學生獨立完成學習任務（你做）。就是這裡，讓她感到事情有點朦朧不清，因為逐步釋放責任的方式看起來似乎沒有用。嗯，在課堂上，當學生結伴時會有用，但當他們接受評量時就變得沒有用。在她的觀察中，這似乎是一個聚焦的好地方。

　　　　在發展焦點問題的過程中，Heather 回想她昨天下午的課堂，她進行到逐步釋放責任中的「我們做」階段，此時對於學習任務的完成，學生漸漸負起較多責任，並且注意到從「我們做」轉移到「你做」的挑戰。從學生發問的問題，她可以辨別出，比起另一些學生，有一些學生對於轉移到下一階段已經有了較佳的準備。那些可以獨立應用公式的學生完全沒有問題，但那些還在困難中掙扎的學生，有時候甚至不知道該問什麼問題，她可以在他們臉上看見困惑的表情。在那時，她開始提出引導問題，來幫助他們完成這些計算。

　　　　Heather 決定此處會是一個讓 Margaret 和 Jay 投入的好地方，因為這裡有一些事情她自己沒有辦法看得很清楚。她在紙上寫下詳細的焦點問題：「我的措辭與行動如何幫助學生承擔起計算立體表面積的責任？」仔細閱讀一遍，她微笑著。對於這種詳細程度，Fernando 應該會感到滿意。

選擇資料蒐集方法

　　有了焦點問題，現在必須確定你的同儕在觀察中將使用的資料蒐集方法。你通常會要求至少一位觀察者蒐集教師相關的資料，而要求另一位蒐集學生相關的資料，這樣會讓你在觀察後回饋會談中，能總括性地審視教師教學與學生學習之間的關係。雖然觀察者可以使用的資料蒐集方法有很多，我們將最常用的方法列舉於表 3.2。我們在第 4 章會更詳細的討論這些方法的使用。

　　每一個焦點需要蒐集不同的資料，以下的範例說明主導教師如何將他們的焦點問題與蒐集適切相關資料加以連結：

- 一位中學物理教師想要知道她如何可以更有效地將學生分組，以鼓勵學生參與課堂。她向同事提出這個問題：「哪一種分組策略最有助於學生參與？」她要求觀察者每人觀察一組學生，並使用抄錄法來記錄該組在課堂活動中的參與情形，提供能告知她未來分組策略的資料。
- 一位九年級代數教師想要提高課堂投入，特別是學生參與課堂討論。教師近期使用了隨堂抽點回答（cold calling）策略，他想要知道如何可以更有效地設計問題，讓所有學生可以理解問題。他問他的觀察者：「當我隨堂抽點回答時，我提問的問題是否提供了充分的脈絡資料？」他要求觀察者抄錄他提問的問題以及學生的回應，讓他更能了解學生何時會陷入困惑。這些資料將有助於他將提問的問題設計成支持鷹架，以鼓勵全班參與以及投入。

　　由於教室中有龐大的資料量，從對話、到學習任務、到注意力，許多資料來源可以為你的焦點問題提供解答。就像你的焦點問題可以縮小觀察的主要領域，你的資料蒐集方法將會把注意力引導到這個領域。讓我們審視 Heather 如何確定適切的資料蒐集方法：

表 3.2　資料蒐集方法

蒐集方法	結果：蒐集到的資料
抄錄	教師的教學 教師提問的問題 教師與學生一對一的對話 學生發問的問題 學生的回應，分為： • 自願回應的學生 • 被指定回應的學生 • 學生主動提出有關課程的發言或問題 • 學生主動提出無關課程的發言或問題 學生的回答，分為： • 沒有額外細節或證明的單一字詞或片語 • 附有支持答案細節的回答 • 附有說明發展出答案所用的思考或歷程的回答 學生私下交談
計算	教師提問的問題，依循 Bloom 的分類法來分類 學生發問的問題 教師教學的時間 學生學習活動的時間 專注於學習任務的學生人數 特定學生行為的事例
追蹤	教師的移動 教師的眼神接觸 學生的移動 學生的注意力 小組的動態

　　Heather 再次閱讀她的焦點問題，思考她的觀察者可以蒐集什麼資料，來為「我的措辭與行動如何幫助學生承擔起計算立體表面積的責任？」這項問題提供線索。她知道當 Jay 和 Margaret 在她的教室裡時，他們可以從各種來源蒐集許多資料，他們可以抄錄學生的對話，或者抄錄學生投入的學習任務，他們可以記錄她在教室中如何移動，以及這樣的移動如何影響學生的注意力。

　　基於其課程和目的之情境，Heather 決定要求他們蒐集她提問的問題，以及學生發問的問題等相關資料。她相信，這個資料將能說明在她的教室中，學習任務責任的分布情形。它將對她關注的問題提供線索：是她主導著學習，抑或是她的學生主導學習？她決定要求 Margaret 抄錄她問學生的問題（並且計算總數），要求 Jay 抄錄學生發問的問題（並且計算總數）。在她的焦點問題之下，她寫下「資料蒐集方法：抄錄以及計算」她有信心，這些資料將有助於她回答焦點問題，以及更重要的，改進她的教學。

　　在這個時候，我們希望你檢視焦點問題，並且回頭看表 3.2。寫下哪一種資料來源和資料蒐集方法，看起來最適配你的問題。如果在資料蒐集方法上，你想要更多的資訊，請繼續閱讀，我們在第 4 章將更詳細地描述每一種方法。你應該理解在這個歷程中沒有正確的答案，焦點問題與資料蒐集方法的每一種配對，都將產生有趣的結果。你應該使用邏輯思考，來確認哪一種資料蒐集方法對你的焦點問題、你的學生，以及你本身的學習，是最有價值的。

確定誰蒐集資料：邀請同儕

　　你已經確定要蒐集什麼資料以及如何蒐集，現在是確定哪些同儕最能幫助你蒐集所需資料的時候了。雖然這看起來或許像是一項簡單的任務，

但實際上如同確定觀察者要蒐集什麼資料一樣，它需要相當多的思考。

我們建議你邀請 2-4 位同儕進入教室。我們的經驗證實，幾位教師總括性的看法，有助於蒐集更全面性的資料。在觀察後回饋會談的對話中，要總括性地理解資料以及對你教室的意義，一群人的觀點與專家見解會格外適切。

學校中的每一個人都有不同的經驗，形成多元的觀點以及見解，可以支持你改進教學。非常有經驗與有效率的教師可以幫助同儕尋求改進——即使那些同儕欠缺經驗。因此，確定你會要求哪些同事在這個歷程中來與你接觸，需要若干思考，要思考哪個人會將哪樣的看法帶到檯面上來。在表 3.3 中，我們詳列幾個常見的同儕類別，並且附帶說明其對應的利與弊。

思考要邀請誰進入教室擔任觀察者時，我們鼓勵你能跳脫學校中現有的舒適圈——最常見的，在年級內或學科內——來進行思考。透明的教師了解，與他們共事最少的同事，事實上可能可以對觀察帶來最大的價值。例如：在某一所學校，我們目睹一位五年級的教師邀請一位三年級的教師（還有其他教師）到他的教室進行觀察，並且以學生使用圖形化組織作為閱讀策略為焦點進行資料蒐集。三年級的教師觀察到有一個小組的學生因為解讀技巧不良，因此對該策略的使用有所困難。她能注意到這個學習問題，是導因於這樣一個事實，亦即她在自己的教室中也經常面臨這項問題——但這位五年級的老師忽略了這項問題，他把進入他班級的所有學生全都視為是「有閱讀能力的學生」。

如果你向外尋求並邀請各種不同群體的同儕，他們一方面與你同樣有意改進教學，而且也擁有各式各樣的背景與經驗，那麼授課教師主導的觀察對你以及觀察者會最有益處。花一分鐘寫下一些進入你腦海、可以擔任可能觀察者的名字，當你重看名單時，儘管隨意修正。

> ▶ 關鍵點
> 當主導教師向外尋求並邀請各種不同群體的同儕，他們與他或她同樣有意改進教學，而且也擁有各式各樣的背景與經驗時，對授課教師主導的觀察會最有益處。

表 3.3　各類同儕觀察者的利與弊

觀察者類別	利	弊
教的學生與你多所相同的同儕	知道學生的能力	也許較難蒐集沒有偏見的資料
教的學生與你完全不同的同儕	不知道學生的能力，不會因此妨礙資料蒐集	較不了解你學生的獨特需求，或者較不了解這些學生使用過哪些有效策略
資深教師	經驗的深度；對教學精進策略已有較多的經驗，並且了解這些策略在哪一種情境下最為有效	也許較不熟悉領域中已經出現的新做法；長期已有慣例性的做法，因此也許已不記得學習的歷程，也沒有精進自己的學習
新任教師	也許較接近現今的教育研究；尚未建立固定的教室慣例，因此也許可以看到教學的其他方法	較缺乏應用策略於課堂的經驗
深度了解你的學科領域的同儕	較能監控學生對課堂內容的理解；熟悉與教學內容有關的教學策略	知識的詛咒：較難讓這些觀察者把自己放在學習者的角色
不太了解或者完全不了解你的學科領域的同儕	能夠不看內容，取而代之專看教學策略；可以提供一個視角，能讓他們看見教導內容的新方法	也許較難評估學生的了解情形
較低年級的教師	了解學生進入較高年級應該知道些什麼；對能力程度較低的學生為何對學習內容會有困難，也許可以提供看法	也許不知道學生應該知道什麼，以及應該能做些什麼
較高年級的教師	對學生在即將升上的年級中必須能夠做些什麼，可以提供看法；對高功能的學生如何可以接受更多的學習挑戰，也許可以提供看法	也許不知道學生應該知道什麼，以及應該能做些什麼

授課教師主導的觀察就是要從你的同儕以及他們在觀察你教學時所蒐集的資料中獲得學習。基於此，你會想要向外尋求並邀請那些真誠期望與你共同學習，並且會投注心力改進教學的同儕。我們的經驗顯示，透過這些個別的教師，將可以蒐集最有用的資料，來知悉並改進你的教學。

處理行政配套事宜

　　擔任主導教師，你要負責規劃行政配套事宜，這意味著你將必須謹慎地澈底思考兩個要素：細節以及安排時間。在細節方面，進行觀察前會談時，你要攜帶整個歷程的計畫：何時進行觀察，在觀察中，你的同事要站或坐在什麼地方，他們如何與你的學生互動，以及觀察後回饋會談何時何地舉行。

> **給校長的便利貼**
>
> 你可以在規劃觀察相關行政配套事宜上給予教師協助。例如：他們也許需要協助，以期知道哪些同事和自己有相同的共備時間。

　　安排時間也許是處理起來最麻煩的行政配套事宜，相當仰賴你和觀察者有共備時間。因為教室觀察會把好幾位教師抽離他們的日常時程表，你也許需要有點創意。如果沒有共備時間，觀察前會談可以用短如 15 分鐘的時間完成——15 分鐘是一個在觀察當天上午、學校開始上課前，或者觀察前一天放學後，很容易覓得的時段。你也可以將會談安排在觀察前夕（當你的觀察者可以共備時），要求另一位可配合的同事代替你照料班級 15 分鐘，讓你可以帶領觀察前會談。當然，每一個人都需要吃午餐，若你們的午餐時間重疊，你可以使用這共有時間的 15 分鐘進行討論。雖然這些建議不是全部的做法，但是我們已經看過許多教師成功使用這三種時間安排討論。

　　花點時間，寫下什麼時間進行觀察看起來最為可行。當你選擇可以共備的同事時，你也許已經知道可行時間了，但如果你還不知道，就先考慮什麼時間對你最為有利。有幾種方式可以讓這次會談順利舉行，而且不會有太多麻煩，在第 6 章，我們會討論幾種有創意的點子。在 TDO 中擔任主導者，

你對於觀察前會談所做的準備，對整個結果會有直接的影響。在這個設計來改進教與學、有焦點的歷程中，成為其中的一員，你的同儕也將會找到價值。而藉由解決行政配套事宜，你已為自己和同儕的成功做好準備。

觀察前會談的實際運作

準備好進行觀察前會談，你現在將打開大門並邀請同儕參與 TDO。我們將繼續跟著 Heather 準備並進行她的觀察前會談，她的經驗說明了準備工作如何讓所有參與者能對觀察歷程做出具有意義的貢獻。

在觀察當天早上，Heather 在教室後方將三張椅子排成一圈，並且如同先前規劃的，觀察前會談在上午 7:45 準時開始。她自信有能力提供 Margaret 和 Jay 若干資訊，讓他們知道應該蒐集適切相關的資料，讓他們有能力擔任觀察者。Heather 歡迎她的同事並遞給每個人一份觀察前會談題綱（見圖 3.2），「我答應過儘可能簡短！這份會談題綱將建立我們對話的架構，並且確保可以在學校開始上課前有空的這 15 分鐘內結束會談。」

主持人（被觀察的授課教師）：Heather

焦點問題：我的措辭與行動如何幫助學生承擔起計算立體表面積的責任？

會談題綱

1. 主導教師對觀察與觀察後回饋會談，說明行政配套事宜。（2 分鐘）
   - 觀察者提出問題，以釐清疑問。（1 分鐘）
2. 主導教師說明課程的脈絡，並且分享焦點問題。（3 分鐘）
   - 觀察者提出問題，以釐清疑問。（2 分鐘）
3. 主導教師解釋資料蒐集範本，並分派蒐集資料的角色。（3 分鐘）
   - 觀察者提出問題，以釐清疑問。（2 分鐘）

圖 3.2　觀察前會談的會談題綱

　　Heather 開始這場會談：「你們將觀察我七年級的數學課，課排在第三節，如果你們可以從 10:00 到 10:20 之間待在我的教室，對我會最有幫助。在此提醒，我們同意在放學後儘速在我的教室這裡會面進行回饋會談，如果我們準時開始，我們將在 3:15 前完成。在我描述課程脈絡前，你們哪位對於行政配套事宜有任何問題？」

　　「所以，我們不必一整節課在妳的教室——只需要妳指定的那段時間？」Jay 探詢地問。

　　「是的——只要那 20 分鐘。當然，歡迎你們提早到來或待得更久，但我知道你們的時間很寶貴，而且我也有信心，在那個時段內，你們就能蒐集大量豐富的資料。」

　　接下來，Heather 對同事進行她教導立體表面積計算單元的一分鐘摘要報告，也概述了她採用的策略：「你們記得逐步釋放方法是『我做，我們做，你做』策略。本週稍早，我示範了如何計算立體的表面積，而昨天我們全班一起做了一些例題。逐步釋放可以是支持學生學習的一個有力歷程，但如你們所知，當我進行教學時，我無法完整地評估採用此種策略的效果。我特別感興趣的是，當我釋放責任給學生時，哪些部分運作得很好，而哪些部分則否。那就是你們要進來幫我的地方。」她暫停下來，兩人點點頭，接受她的說法。

　　「當然，額外的挑戰是，一些學生已準備好獨立演算數學，而其他學生則需要更多共同的練習。你們在我教室的那段時間，我將釋放責任給學生——要求他們以小組方式解題，然後一起回來，全班共同檢討他們的學習任務。說到這裡，你們有什麼問題要問我嗎？」Heather 問。

　　「妳對此可能已經有所思考，但我好奇的是，妳如何對不同學習者以不同的步調釋放責任？」Margaret 問。

「好問題，Margaret，我也一直在想這件事。我設計了我的問題，以便能與不同的學習者交談，但仍有一些事情，我希望你們今天在我的課堂上可以看看。當今天下午回饋會談時，我們應該重新討論這個概念。」

「沒問題嗎，Jay？OK，此次觀察，我的焦點問題是：『我的措辭與行動如何幫助學生承擔起計算立體表面積的責任？』你們在我課堂的時段，希望這個問題可以聚焦你們的注意力。」

「有時候，我發現很難抽離出來。Margaret，如果妳抄錄我問學生的問題，將對我特別有幫助，如此我可以審視我是如何釋放責任。我也希望能獲得學生發問問題的資料，如此，我可以看見他們對學習任務承擔起責任到什麼程度。Jay，你可否抄錄學生發問的問題？同時，你們每個人是否可以計算你們抄錄的問題總數？那些數字也可以派上用場。謝謝！」

Heather 分發資料蒐集表（見圖 3.3）：「這裡有一張你們可以用來記錄資料的範本。我設計了這個範本，你們可以在這範本

觀察的年級：七年級
學科：數學
日期：11 月 6 日

焦點問題：我的措辭與行動如何幫助學生承擔起計算立體表面積的責任？

資料蒐集方法：抄錄與計算

圖 3.3　資料蒐集範本

上獲得所需的全部資料，它包括我的焦點問題，以及你們將使用的資料蒐集方法。有任何問題嗎？」

　　Jay 點點頭：「當我抄錄學生發問的問題時，妳是否要我也記錄是哪一個學生發問的？」

　　Heather 回應道：「那會非常有幫助，特別是你在社會課堂上已經認識了這群學生。還有其他問題嗎？沒有？好，我真的期待你們協助我蒐集資料！謝謝你們寶貴的時間。今天第三節，我會見到你們，並且在 3 點鐘的時候，我們將再次在此會面進行回饋會談。」

常見的錯誤

　　TDO 的成功相當仰賴在觀察之前所做的規劃能深思熟慮與具目的性。為了幫助你避開可以避免的小問題，並且負起你對觀察的責任，此處提出一些我們在 TDO 的準備中曾看過的常見錯誤。

> ➤ 關鍵點
> TDO 的成功相當仰賴在觀察之前所做的規劃能深思熟慮與具目的性。

忽視觀察前會談的準備

　　對這個會談，你投入多少，將決定能帶走多少。如果在確定焦點問題或選擇資料蒐集方法中，你剋扣準備時間，就會剋扣你能獲得的結果。當你花時間去規劃細節與行政配套事宜，你和同事雙方都能大大地獲益。這些地方若能清楚，你可以有信心，TDO 將讓你充分知悉你的教學與學生的學習。

選擇了膚淺的焦點問題

膚淺的焦點問題——一些你已經有答案的問題，或者一些焦點偏離學生學習主題的問題——會讓你無法運用 TDO 來作為學習機會。但只要你的焦點問題可以用可觀察的資料來回答，並且是立基於教與學的重要領域，你就是位於正確軌道上，能獲得有意義的 TDO 經驗。

未能擔任主導

擔任主導教師，你要負責驅動 TDO 歷程。經驗過 TDO 歷程的教師知道，如果他們未能從這個歷程中獲得學習，他們只能怨怪自己。藉由挺身而出，來領導這個歷程，你會果敢地應對困難，並確保這個歷程能對你的日常教學提供有意義的洞見。

將授課教師主導的觀察處理成類似「模範教室」的觀察程序

TDO 不是要去找到「模範教室」或者找到一位「專家」教師，並且對如何可以變成專家，要求提供回饋。TDO 的成功，仰賴你在資料蒐集上，願意與同儕接觸。我們鼓勵你考慮每一位同事可以端上檯面的知識與技能。

> ▶ 關鍵點
> TDO 不是要去找到「模範教室」或者找到一位「專家」教師，並且對如何可以變成專家，要求提供回饋。

未能敞開心扉改進自己

走過 TDO 的歷程，若你沒有真正敞開自己的心扉接受回饋與學習，將白白損失寶貴的時間。即使你覺得自己是容易受傷的教師，但對於教學改進仍要抱持開放的態度，而這樣的承諾，是變成透明教師的第一步。

結語

　　在不公開教學的世界中，打開你的教室大門，不僅止於請觀察者在你教導學生時坐在教室裡。要成功地擔負起責任，需要思考與準備，這個歷程遠在你教課而同儕觀察並蒐集資料之前即須開始。觀察前會談是打開教室大門的第一階段：它是賽前會議。在這次會議中，你讓同儕知道觀察焦點，在此焦點上，他們必須共同合作，對你的教與學提供有價值的看法。

　　在下一章，我們將跳進觀察階段。我們更詳細地討論三種主要的資料蒐集方法，你可以選擇一種（或多種）希望觀察者代替你運用的資料蒐集方法。我們也探究觀察者的角色，並對觀察當天如何能有最多收穫，提供若干訣竅。

第 4 章

觀　察

　　Margaret 可以聽到 Heather 教室裡學生交談持續發出的嗡嗡聲，以及學生把椅子從課桌裡推出來時，椅子摩擦地板磁磚發出的尖銳刺耳聲。她微笑著，理解這熟悉的聲音：她的學生也總是這樣。當 Margaret 準備進入教室去觀察她的同事時，她從袋子裡抽出一枝筆以及資料蒐集範本。她知道她的團隊所蒐集的資料會發揮一些效果，但她好奇這樣的經驗會是怎樣發生的。她學校裡的教師經常彼此鼓勵，但仍總是停留在他們自己的地盤上。

　　Margaret 聽到 Heather 教學，她轉開教室門把時，喋喋不休的聲音安靜了下來。進入教室擔任觀察者，Margaret 感覺到她彷彿正在跨越一道由來已久的教學界線。

觀察的目的

　　當你打開教室大門並邀請同事進來蒐集資料時，你已經以連結取代了孤立。你用了那些教室外專業發展研習幾乎不可能做到的方式，來學習並精進你的教學。當你努力與同事溝通學生學習的脈絡以及教室的脈絡時，你變成了一位負起自己專業發展責任的透明教師。

> ➤ 關鍵點
> 在授課教師主導的觀察中，成為觀察者意味著成為一位資料蒐集者。觀察者聚焦在蒐集主導教師所要求的資料。

　　審視教學最好的方式是站在教室裡，並且觀看教學的發生。即時行動總是勝過理論，沒有任何書本、訓練課程，或者教學錄影帶能像教室觀察那樣，說明複雜的學習歷程，或者教室中人類互動的細微之處。你還記得上一次參加專業發展研習以及學到的新教學策略嗎？當你打算在自己的教室裡採用這個策略時，似乎很簡單，但當你嘗試時，會發現坐在訓練課程中和站在教室裡，兩者之間明顯不同，因為教學講究實際操作。要運用傳統專業發展研習所學，往往需要很大的轉化，但在教室中學習，可以讓所需要的轉化降到最低。換言之，確保所學的策略會實際用在你的教室、你的學生身上，最好的方法是就在你的教室中與你的學生一起進行專業學習。

　　與學生所傳說的相反，你腦袋後面沒有長眼睛。你忙於建立連結、提問問題，以及傳授內容，所以無法有意識的注意到有多少學生發問問題，或者你在教室中的移動如何影響學生的參與。你不可能知道小組討論時間學生彼此間傳遞的對話，因為有太多對話在進行。

　　幸運的，學校備有現成的援軍：你的同事可以在教室中，讓他們的眼睛、耳朵和經驗為你工作。當他們踏進教室來觀察，你能從他們幫你即時蒐集資料而獲益。

教學的核心

　　教室裡發生的事情強而有力地說明學生、教師與內容三者的交集。當你站在他人的教室中擔任觀察者，可以看到教學核心的這三個要素[1]如

---

[1]　D. L. Ball and D. Cohen, "Developing Practice, Developing Practitioners: Toward a Practice-Based Theory of Professional Education," in G. Sykes and L. Darling-Hammond, eds., *Teaching as the Learning Profession: Handbook of Policy and Practice*, (San Francisco: Jossey-Bass, 1999), 3-32。Richard Elmore 曾在許多出版物中討論教學的核心，包括與 E. City, S. Fiarman, and L. Teitel (Cambridge, MA: Harvard Education Press, 2009) 合著的：*Instructional Rounds in Education: A Network Approach to Improving Teaching and Learning*。

何彼此互動，以及它們如何影響教與學（見圖4.1）。有太多時候，專業學習的機會只聚焦在教學核心的一個面向上——也許是你使用的策略或教材。然而，這種取向有一個明顯的缺點：它忽略了有效能的教師會為了教導內容而選擇策略與教材，以即時回應學生學習需求這樣的事實。

　　例如：許多教師在專業發展研習或者學科會議中花費數百小時的時間，在那裡，他們討論教學核心的分離片段——從第一次世界大戰單元的第一手資料（內容），到候答時間的價值（教師），到學生的行為（學生）。在同一個時間分析教學核心的所有這三個要素，對於改進教室教學是重要的，因為只有這樣，我們才可以了解存在於這三者之間的重要關係。

　　觀察排除了猜測，它傳遞有關教師與學生如何教或學內容的具體答案。當教師擁有觀察資料來指引他們的專業學習，他們可以審視，例如：

> **▶ 關鍵點**
> 專業學習的機會經常只聚焦在教學核心的一個面向上，這種取向有一個重大缺點：它忽略了有效能的教師會為了教導內容而選擇策略與教材，以即時回應學生學習需求這樣的事實。

給校長的便利貼

在你主持的會議和活動中發送清楚的訊息：學校所有的努力都聚焦在教學的核心上。

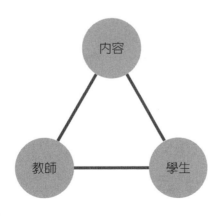

圖 4.1　教學的核心

學生對第一手資料相關文件的反應，以及哪一種來源的資料看來對學習有最大的影響等具體細節。不僅如此，立基於觀察資料的對話與討論，排除了對孩子與內容先入為主的成見。不再談論你認為也許會發生的事情，而是開始審視實際發生什麼，以及實際運作情形的良窳。然後，觀察資料讓你知道，你在教室中能否有效調和教學核心的多個要素。

資料蒐集方法

擔任主導教師，你擔負著自己教室觀察的責任：決定觀察的焦點、邀請觀察者，以及選擇資料蒐集技術。這些資料蒐集技術，對於比方說週四早上 10:08，你教室中的教學核心三要素是如何交互作用，可以提供獨特的觀點。因為這些核心要素總是彼此相關地在運作，在某間教室裡發生的事情，不會在隔壁間教室發生，但每一個例子對資料蒐集都是有價值的。在第 3 章，我們簡要地提到資料蒐集技術；在本章，我們將更詳細地探究這些方法，說明它們如何聚焦在教學核心的特定要素上，以及因此為有意義的觀察後回饋會談奠定基礎。

我們在這裡呈現的資源並非全部的資料蒐集方法，我們猜想你將會發現各式各樣在自己的教室裡可以用來蒐集資料的方法。最重要的是，資料蒐集方法應該是專門針對你這輪授課教師主導的觀察（TDO）所要研究的問題而選擇。若想回答不同的問題，甚至研究同一個焦點問題的不同面向，你可以、也應該使用不同的方法。有了特定的資料蒐集方法，能讓你的觀察者清晰知悉並且有方向：他們將知道要把注意力聚焦在哪裡，並且能在觀察後回饋會談中傳遞適切相關的資料給你。如果你對焦點問題應該使用哪一種資料蒐集方法有所疑問，我們建議你在觀察前會談之前諮詢同事。

在本章，我們探究三種特定的資料蒐集方法：抄錄、計算以及追蹤。當要蒐集教師或學生資料時，每一種方法都可能適用。我們審視它們的優

點和限制，並且用中小學教室場景來說明，你或許會看見這些情境的許多
要素適用於你的學校和教室。我們也會看一看當使用這些蒐集方法時，觀
察者扮演的角色，並討論常見的錯誤。

學生資料vs.教師資料

　　關於資料蒐集方法，你要做的最重要決定之一，是要決定要求觀察者
蒐集教師資料、學生資料，還是以上兩者。參與 TDO 的教師經常要求觀
察者同時蒐集學生以及教師的資料，因為這兩種資料彙整在一起，能夠更
完整地說明教師教學與學生學習之間的關係。例如：如果想要了解候答時
間對學生參與的影響，你必須同時審視兩種資料，包括在學生回應問題之
前，你提供給學生思考的候答時間長短（2 秒或 10 秒？），以及當給予
這樣的候答時間時，學生回應的情形如何（他們的回答是否完善？是否有
許多學生準備要回應？）。

　　當你決定要蒐集教師資料、學生資料，或是以上兩者時，還要考慮另
一個因素。如果你只是為了評鑑的目的而被觀察，從 TDO 一開始，你也
許就感到有點焦慮。如果確實如此，你可以選擇要求觀察者在第一次觀察
時只蒐集學生資料，如此觀察者的注意力會多聚焦在學生身上，而非在你
身上，直到你對於這樣的歷程能感到輕鬆自在。

　　有時候，你會選擇要求觀察者只蒐集教師資料。當你對自己的行
動、措辭以及移動如何影響班級，真的想要掌握有資料為基礎的答案時，
這就可以派上用場。如果你要求觀察者只將焦點放在你身上，他們蒐集的
資料將描繪出你在教室裡的圖像，你說了什麼、做了什麼。這些詳細的資
料彼此結合，經常是我們在教學時——我們只顧走動以及談話——所無法
看見的。

　　因為 TDO 強調教學核心的實際運作，我們預期你將會發現，最大的
獲益來自安排觀察者同時蒐集學生與教師資料，特別是當你愈來愈熟悉
TDO 時。你的決定應該是有目的性的，權衡各式各樣資料蒐集方法的優

點與限制,將讓觀察得以成功。

抄錄法

從教師教學到學生小組對話,抄錄法可以獲取教室中的大量資料。在抄錄法中,觀察者抄錄學生之間以及師生之間的互動。抄錄法本質上會展現出來的詳細性,可以對學生的思考提供洞見,這樣的洞見是計算法和追蹤法無法獲取的。舉例來說,讓我們看看計算法蒐集的資料和抄錄法蒐集的資料之間的差異:計算法蒐集的資料會指出有兩個學生在課程尾聲問了一個計算圓柱體表面積的問題,抄錄法蒐集的資料則會指出他們所問的問題是:「嗯,我們現在知道如何計算表面積了,那我們要如何計算體積呢?」以及「我們如何計算球體的表面積?」無疑的,抄錄法的資料能說明學生思考的層次,這是計算法的資料蒐集無法獲取的。

因為抄錄法獲取這麼高層次的細節資料,它們可以適用於幾乎每一個焦點問題。在以下兩個例子中,可以看到它們如何被使用:

- 一位五年級的教師想要改善她的提問策略,所以她發想了這個焦點問題:「我如何可以更有效地使用提問來從旁幫助學生學習?」然後,她努力透過自己的提問來回應學生的問題,以促進他們思考,特別是當學生投入在小組中以及獨立做數學練習時。她邀請兩位同事進入教室,要求他們在這個焦點問題上蒐集資料。她要求每一位觀察者分別與一組學生坐在一起,並且抄錄學生發問的問題以及她提問的問題。這些抄錄的資料能告訴她,她如何使用問題來回應學生的學習需求。

- 一位十一年級的化學教師目前致力發展學生在實驗室進行實驗時的積極互賴性,希望學生能依賴彼此的知識以完成實驗。他將學習教材切割成幾個部分,分別提供給小組成員,以期培育這種積極互賴性。他發想了這樣的焦點問題:「教材的切割對發展實驗室小組的積極互賴性有怎樣的幫助?」他邀請三位同事進入教室蒐集資料,要求他們每一位分別

與一組學生坐在一起，並且將學生在實驗時間全程的發言與問題抄錄下來。觀察者蒐集的資料，能讓他分析教材的切割如何影響學生的積極互賴性。

當然，抄錄法有其本身的難題。抄錄是一項緊張的任務，特別是如果觀察者要負責抄錄教師的教學或者整體學生的對話，即使是最熟練的抄錄者亦然。精力充沛的教師或者興奮、踴躍的學生，他們在課堂上教與學的步調，往往很容易就超越了觀察者能有效抄錄的速度。

限縮抄錄的焦點有助於處理這項難題。觀察者可以只記錄學生對問題的回應，或者只記錄教師與個別學生之間的對話。觀察者團隊在此處也可以派上用場：一位觀察者抄錄教師的問題，而另一位抄錄學生的回應。

雖然抄錄所得資料無疑地可以提供很詳細、很有價值的資料 —— 無論是從對問題回應中可以看出的學生理解情形，或者是學生小組的合作動態 —— 但是這種詳細程度可能抑制了對整個教室動態更廣泛的分析。前面關於數學教學的例子中提到的學生發問問題，也許讓我們知道有學生對所學數學技能能否做其他應用有所好奇，但無法讓我們知道班上其他學生其餘的學習需求。計算和追蹤等資料蒐集方法則可以彌補抄錄法的不足。

計算法

現今教室中學生人數眾多，同時要蒐集眾多學生的資料，計算是一種可行的方式。從表面來看，作為一種資料蒐集工具，計算法可能顯得相當平淡無奇，特別是與抄錄性資料的豐富性相比。然而，要對教室樣態提供全面性的視野，計算法則相當有價值。透過計算法，你可以審視教室時間的分配、專注於學習任務學生的百分比（這必須精確描述所謂的「專注於學習任務」看來像什麼樣子），或者你提問的問題在 Bloom 分類法中每一個層次的數量，這些數字可以作為回饋會談豐富對話的起始點。以下兩個例子說明了計算法的實際運作：

- 一位四年級的教師想要分析閱讀小組的效果。她相信分配給學生閱讀時間有其價值，她使用同質分組，並提供差異化的、程度適配的文本，以鼓勵各種能力水準的閱讀者都能大聲閱讀文本以及進行批判思考。她有意用這種策略來使得閱讀能力高於或低於年級應有水準的閱讀者，都能增加專注於學習任務的時間。她的焦點問題是：「使用同質分組以及差異化的、程度適配的文本，對維持閱讀者專注於學習任務有怎樣的幫助？」在觀察時，教師要求一位觀察者與程度較高的小組坐在一起，另一位與程度較低的小組坐在一起。她要求他們計算每一位學生發言的次數，以及某位學生展現出不專注行為的次數——例如：放下書本、沒有及時翻頁，或者注意焦點從書本或對話中移開。使用這些計算資料，她能具體了解學生在其小組中持續專注於學習任務的情形，以及閱讀小組的效果。

- 一位高中音樂教師關注如何增加學生練習演奏樂器的課堂時間量。他知道這是發展學生技能的重要因素，並且想要更加知道他樂隊課的時間分配情形。他的焦點問題是：「我如何可以增加學生課堂上演奏的時間？」為了回答這個問題，他必須知道，在課堂上有多少學生當下正在演奏樂器，好讓他可以找到增加演奏時間的方法。因此，他要求每一位觀察者與一個分部的學生坐在一起，並且記錄他整個 55 分鐘課堂期間演奏樂器的時間。觀察者使用碼表來計算學生演奏的分鐘數，以及教師直接教學的分鐘數。有了來自此種計算法的具體數字，他將清楚了解，他的學生有多少演奏時間，以及在哪些地方他可以做些改變。

　　雖然計算法對教室樣態提供了廣泛的視野，但是它們缺乏說明該樣態中教與學情形的能力。基於這樣的原因，計算必須結合抄錄或追蹤，才能真正變成有力的資料蒐集方法。閱讀到「多元方法」那一段時，我們將更深入地討論這個概念，但在此時，讓我們來看一個很好的例子，這個例子顯示，當觀察者同時使用計算與抄錄時，教室裡可以發生什麼事情。

　　我們一起回到 Heather 七年級數學課的觀察日。回想前一章，她決定聚焦在她的措辭與行動如何幫助她將計算各種立體表面積的責任釋放給學生。她要求一位觀察者，Margaret，同時抄錄她提出的問題並計算數目。Heather 知道 Margaret 蒐集的資料會給她一份具體的清單，她提問了多少問題，以及它們是些什麼內容。回應學生的問題會花費 Heather 相當的專注力，所以她很感激 Margaret 的眼睛和耳朵幫她蒐集這項資料。為了對她的提問如何影響學生，以及教學的三個核心在此議題上的交互作用，能獲得更廣泛的了解，她要求另一位觀察者，Jay，抄錄學生發問的問題並計算數目。

　　Heather 結合計算與抄錄這樣的選擇，讓觀察者能蒐集到與其焦點問題有關的適切資料：看見她的措辭——她問了什麼問題，以及她多常對學生提問——對釋放計算的責任給學生，如何造成差異。雖然很難量化或計算責任釋放的運作良窳情形，但可以在學生的言詞與行動中取得證據。如果 Jay 從學生那兒抄錄的問題很少，並且顯示出學生對計算過程有扎實的理解，Heather 將知道他們已經掌握了計算各種立體形狀表面積的訣竅。相反的，如果他們問了很多表達困惑的問題，Heather 將知道在釋放責任給學生，以及讓學生能夠承擔起責任之前，還有一些事情要做。如果對她的觀察，Heather 只要求使用計算的資料蒐集方法，她會僅止於知道，比方說，她提問了 12 個問題，而學生發問了 15 個問題。這雖然會提供她一些可以使用的資料，但藉由兼用抄錄與計算，Heather 將擁有這些問題是問些什麼的紀錄資料。

　　在下一章，你將會看見，Heather 的觀察者記錄了些什麼，以及因為她發現了什麼，而有怎樣的重要突破。現在，重要的是要注意到這項突破的產生，是因為她結合使用了抄錄與計算。焦點問題面向多元，因此多元的資料蒐集方法有其優越之處，而且對於抄錄與追蹤而言，計算是一種特別有用的附屬方法。

追蹤法

你曾否想要知道，你在教室中身體的位置如何影響學生的學習？要是可以量化，你用非口語提示來重新引導學生行為，其效果良窳如何？如同計算，追蹤的資料蒐集方法也有助於說明教室中存在的樣態。如果與計算和抄錄並用，追蹤法可以聚焦在教師、學生，或者以上兩者身上。在教學時，我們通常不知道自己的移動，或者引導學生注意力的方式，而追蹤資料就可以說明。

追蹤教室資料可以記錄教師的移動 ── 在講述、學生分組合作學習，或者學生獨立練習等時間 ── 以期審視學生的注意力或團體動態。Heather 想知道她的措辭和行動如何影響學生，在未來的觀察中，她可以要求同事用追蹤法蒐集資料，讓她可以獲得更多洞見。觀察者也可以追蹤學生的移動，這些資料適用於審視教室中的轉移或者合作學習活動。例如：如果觀察者記錄某位學生 20 分鐘之內離開座位 5 次，教師將可以思量必須做些什麼，來處理這樣的狀況，或者吸引這位學生的注意力。除了移動之外，追蹤法可以獲取眼神接觸以及注意力相關資料。要探究課堂期間非口語提示對學生行為或注意力（透過眼神接觸來檢視）等的影響，這些資料也可以提供脈絡。

以下兩個例子，在 TDO 的脈絡中，說明追蹤法的資料蒐集方法：

- 一位第一年任教的三年級教師正設法改進分站教學的效率。他注意到有幾位學生往往在各分站之間閒逛，而且許多學生無法在適當的時間內完成該分站的活動。他直覺學生仍不了解每一個分站的活動目的，這會影響他們投身於每一個分站的學習動機。因此他的焦點問題是：「我的學生對每一分站活動目的之了解，如何影響他們對每一個分站的參與？」為了更能了解學生的移動狀況，他要求一位觀察者追蹤特定兩組的所有學生，在跨站時以及在每一個分站中的移動路徑。接著，他賦予另兩位觀察者的任務，是同時針對閒逛的學生以及專注投入學習任務的學生，

詢問他們關於各分站學習目的是什麼的問題：「你今天為什麼做分站學習？」以及「這個分站的學習目的是什麼？」教師希望這項追蹤資料，以及來自學生的回答，能對學生閒逛的問題產出有見地的資料。他希望在回饋會談中，他和同事可以討論如何協助閒逛的學生更專注投入學習任務。

- 一位九年級社會科教師想要改進他的班級經營，特別是在不干擾課堂步調的情況下，重新引導沒有專注投入學習任務的學生。在直接教學時段，她使用了非口語提示來重新引導學生，也用來肯定正向行為。她的焦點問題是：「當我給予學生非口語提示時，他們行為改善的情形如何？」她希望審視這些正向性及糾正性的非口語提示之間的平衡性，因此要求一位觀察者追蹤這些非口語提示——她的眼神接觸、面部表情——而另一位觀察者則追蹤學生回應這些提示時的注意情形。有了這些追蹤資料，她希望清楚了解非口語提示對重新引導學生功效的良窳。

　　追蹤法的資料蒐集方法可以說明教室樣態——無論是教師的移動或注意力，或是學生的移動或注意力——這些樣態常因為我們必須注意教學而忽略。這些樣態經常使用教室座位表來蒐集，座位表提供觀察者方便記錄資料的脈絡，他們只須畫箭頭來追蹤移動或注意情形。我們發現，當主導教師提供座位表或教室平面圖給觀察者，觀察者可以更容易且更精確地使用追蹤法來蒐集資料。

　　簡明的座位表上畫滿了箭頭，記錄了教師在教室內各處的移動，可以成為一種有力的資料來源。事實上，使用追蹤法的資料蒐集方法，好處之一就是用視覺方式呈現資料會有其力量：資料開始會為自己說話，特別是如果箭頭都是共同指向教室的某一部分。當然，教室環境不會如單單一套資料那樣簡單，追蹤法的

> ▶ 關鍵點
>
> TDO 最主要的資料蒐集方法是抄錄、計算、以及追蹤。你可以使用這些方法中的每一種，來蒐集學生資料、教師資料，或者以上兩者。

缺點是，單獨使用時，它們無法描繪出教室移動或注意力背後原因的全面圖像。

多元方法

當你思考什麼方法最適合你所提出的焦點問題時，我們建議你考慮使用多於一種的方法，雖然我們將資料蒐集方法予以分類呈現，但謹記各種方法可以彼此互補，這樣或許才最有幫助。每一種方法有它自身特別的價值與挑戰，我們在表 4.1 中摘述之。使用多元方法可以讓你考慮到這些價值與挑戰，並且確保能蒐集到最完善可靠的資料。

比方說，你打算蒐集學生小組中合作學習的資料。你也許可以要求一位觀察者追蹤某個學生小組的對話，注意對話的方向；另一位觀察者蒐集每一位學生在小組對話中發言的時間長度；而第三位觀察者則抄錄對話。這三套資料合在一起，可以提供全面性的圖像，來探究學生如何運用合作學習的機會，以及你可以如何有效的安排這個學習時間。

觀察者的角色

你也許會問，錄影機是否可以扮演觀察者的角色。為什麼必須有人坐在教室中抄錄問題、計算某種行為事例，或者追蹤移動？當然，任何影片，如果適當地聚焦，都可以廣泛地記錄資訊。要求同事進行觀察之所以如此重要，原因是他們可以提供看法，幫助你獲得結論。在整個歷程中，你隨時隨地可以因他們的聰明才智而獲益，而且他們會看出一些事情，這些事情是觀看錄影機播出的情境時也許看不出來的，而且他們擔任觀察者，也才能與學生小組坐在一塊並且與他們互動。

在觀察中，觀察者的角色是至高無上的。

> ▶ 關鍵點
>
> 納入其他專業人士參與 TDO 很重要。不同於用錄影機記錄課堂，他們可以提供看法，並且協助你這位主導教師獲得結論。

表 4.1　資料蒐集方法

	關於本方法	例子	挑戰
抄錄	• 觀察者抄錄學生之間、師生之間,或以上兩者的互動 • 提供關於學生或教師行動、言談以及問題的豐富資料 • 可以適用於大多數焦點問題 • 可以聚焦於教師、學生或以上兩者	• 觀察者抄錄學生在課堂時間發問的所有問題 • 觀察者抄錄教師對學生發問的回應 • 觀察者用一段描述記錄學生在分組活動時間如何彼此互動	• 緊張的任務 • 可能產生聚焦於教室某一要素的資料,窄化了教與學的視野
計算	• 是蒐集大量學生資料的合理方法 • 對教室中出現的樣態提供全面性的視野很有價值 • 可以聚焦於教師、學生或以上兩者	• 觀察者計算致力於特定學習任務的分鐘數 • 觀察者計算提問與回答的問題數	• 當只使用這種方法時,本身不能說明教與學的樣貌 • 與其他資料蒐集方法聯合使用時才最有用
追蹤	• 協助說明教室中出現的樣態 • 可以聚焦於教師、學生或以上兩者	• 觀察者追蹤教師在教學時段於教室各處移動的情形 • 觀察者追蹤學生在課堂時間從某個學習區移動到另一區的情形	• 單獨使用時,可能無法對教與學提供全面性的樣貌 • 與其他資料蒐集方法聯合使用時才最有用

是觀察者在蒐集資料──因為有多元的需求會吸引你在教室中的注意力,使得你無法蒐集這些資料。可以想像一下,當你指引課堂討論時,還要嘗試抄錄你問學生的問題,其難度會有多高;或者想像一下,當你在教學時,還要追蹤你在教室中的移動情形,其複雜度會有多高。教學需要相當程度地集中注意力,這會妨礙我們蒐集資料。觀察者此一角色的存在,就

是要做那<u>些</u>事情。而爲了讓觀察者能做好他們的工作，你必須爲班級做些準備，學生才不會感到困惑。

學生─觀察者互動

　　「那是誰呀？！」當一位不熟悉的成人進入教室，學生常常竊竊私語地問。當有新面孔出現在教室，他們的反應可能很多樣，從興奮到好奇到擔憂。一些學生也許會把這個場合視爲是破壞常規的好時機，其他學生對成人在那邊觀察他們的行爲也許會感到焦慮。大多數學生（或二、三個學生）不習慣有訪客在教室裡，而且實際的狀況是新人物的出現可能會變成一種干擾。

　　最終仍得由你決定如何和學生一起來面對這個課題。告知學生，將有訪客進來教室，有助於降低前述的干擾，特別是如果能讓學生了解爲何會有觀察者出現。有一位教師利用這個場合，來強調在學生身邊，她也是一位學習者，她告訴學生：「就像你們一樣，我也總是不斷學習來發展我的技能。今天稍晚，我們會有訪客來這裡幫助我學習。我很高興他們能來這裡和我們在一起，因爲他們將蒐集有關我教學的資料，讓我能夠用這些資料來知道更多有關教室的事情。」

　　我們也發現，當這種實施在學校中變得屢見不鮮時，學生開始忽略觀察者的出現。他們很快地發現，這些成人幾乎不會做什麼使課堂更令人興奮的事情。在一所小學，當教師開始規劃 TDO 歷程時，一些行政人員有意地、更頻繁地訪查教室，以期讓學生能對成人訪客更加感到自在。

　　除了向學生說明這樣的經驗之外，有必要說明你期望觀察者和學生之間要有的互動，或者不要有互動。有時候，爲了了解教室的例行常態，你也許會要求觀察者完全不要與學生互動，然而，大多數時候，你會發現這些互動對於教室資料的蒐集可以有重要的貢獻。一位觀察者詢問某位學生：「告訴我，你現在在課堂上做什麼事，以及爲什麼你要做這件事？」

這樣將有機會接觸到可靠的資料來源：學生的思考與看法。當決定是否要觀察者與學生接觸時，心中要記得你的焦點問題。

常見的錯誤

　　觀察者應該當心三個常見陷阱：忘記關注資料蒐集、因個人視角而犧牲客觀性，以及賦予意義而非蒐集資料。你可以反向性地看待這一段，作為提示，藉此確保你的觀察者能記得蒐集資料，並保持客觀性，以期觀察當天能得到最多的收穫。

> ▶ 關鍵點
> 觀察者應該知道三個常見陷阱：忘記關注資料蒐集、因個人視角而犧牲客觀性，以及賦予意義而非蒐集資料。

忘記關注資料蒐集

　　觀察者要記得他們的主要角色，這是至為重要的。雖然教師每天在教室中，但是我們很少有機會觀察同事的實際教學運作，或者觀看自己班級之外的其他學生。

　　因此，我們發現，觀察者面對的最大挑戰之一，是保持關注手邊的任務：蒐集主導教師要求的資料。雖然被賦予抄錄學生對話的任務，但是觀察者有時候發現，已經觀察 10 分鐘了，但寫下的東西卻很少。這不是因為偷懶，純粹是因為他們著迷地傾聽學生對話。我們很容易被課程內容以及教室的活力牽引，因此短暫的忘記了擔任觀察者的角色。

　　我們為何進入教室？為主導教師蒐集資料。而這種行為的危機是我們忘記了關注這件事情。不像那些由觀察者主導以及希望從觀察中學習到一些點子的觀察方法，TDO 是把被觀

> **給校長的便利貼**
> 你可以協助教師，在觀察時將注意焦點維持在資料蒐集上，客觀地觀察，以及避免在歷程中太早對資料賦予意義。你可以在學校中持續提醒觀察者，並且可以親自示範。

察的授課教師置於歷程中的主導者地位。雖然你一定會因爲擔任觀察者而接收到新想法，以及學習到教學相關的知識，但重要的是，這不該掩蓋觀察者的主要責任：記錄資料。

因個人視角而犧牲客觀性

擔任觀察者，我們也帶著自己的經驗和看法進入教室，我們自己的經驗和看法會影響觀察周遭事物的視角。我們自己的興趣常常引導注意力，即使是不知不覺的。假如我們當中有一個人有四個年輕的兒子，這項原因使他對於吸引男孩投入閱讀以及寫作教學的方式最感好奇。進入一間小學教室，若想到自己孩子的經驗，他的注意力最常被引導到這個地方。你或許也有自己的視角，雖然不能根除它，但你可以提高警覺，知道它可能干擾資料蒐集。而且，從根本上來說，擔任觀察者此一角色，不是爲你自己，而是爲了幫助主導教師蒐集資料。那位教師要求蒐集特定的資料——從她提出問題後提供的候答時間，到合作小組中的學生對話——滿足這樣的要求，乃是你要扮演的角色。

賦予意義而非蒐集資料

當你在觀察中蒐集教室資料，會很想開始從觀察到的資料中建構意義，評閱蒐集到的某幾行（也可能某幾頁）教室資料，你甚至開始回答起主導教師的焦點問題。因此，我們鼓勵你將注意焦點純粹地維持在資料蒐集此項任務上，並且不要開始對蒐集到的資料做詮釋或下結論。我們會有機會做那件事，但必須要等到觀察後回饋會談方才爲之。在那時，你和同事——包括主導教師和觀察者——會一起分享資料，從而擴展資料。這樣最能讓團隊成員眞正地檢視資料，並且共同合作從觀察到的事項賦予意義。

由於教室環境中本就有一連串的活動，在那兒，有數十個心思在運作著，擔任觀察者可能很容易嘗試著要去理解觀察時所見的事物。這些學生

投入學習嗎？他們是否進行批判性思考？教師的教學是否清晰？10 分鐘內已經第 6 次離開座位的學生是否感到無聊、還是急著要去吃午餐，或是對課業感到困難？當你還在教室裡時，就對觀察資料賦予意義，其危險至少會增長三倍：

- 將注意力轉移到賦予意義，可能侷限蒐集資料的能力，你將無法如同將注意力單獨聚焦在資料蒐集上那樣，徹底地蒐集資料。
- 對於觀察之前課堂中發生過哪些事情，以及在未來的日子裡期望學生做些什麼等這些脈絡或背景，若能有所了解，賦予意義才會更有作用。而觀察後回饋會談才是對資料賦予意義的正確時機，因為教師在此會談中會提供了這樣的脈絡。
- 在觀察後回饋會談中，呈現客觀資料給教師，是確保觀察能維持客觀與非評鑑性的最佳方式。我們看過，即使是經驗豐富的主導教師，當感覺到當初他們謙卑求助並信任觀察者，但觀察者卻違背這樣的信任時，他們會提出抗辯。

結語

　　當你能夠打開大門，來蒐集學生、教學內容，以及教學等與你直接相關的資料，此時，觀察經驗是讓你成為透明教師的機會。這資料能讓你掌控並引導有效的對話，重振團隊對於改進教學的承諾。選擇最能回答你的焦點問題的資料蒐集方法，將確保你能獲得最適切相關的資料，也能讓觀察者清楚知道他們在教室中的角色。

　　在下一章中，我們將討論你一直在等待的：觀察的結果。你將會看到如何圍繞著焦點問題進行討論。我們將討論觀察後回饋會談的結構，而你會看到 Heather 的故事繼續開展。你不會想錯過她的重大突破吧！

第 5 章
觀察後回饋會談

　　Heather 將頭髮撥到耳根後面坐了下來，「唷！」了一聲說：
「上午的觀察是我這一天感到過得最快的 20 分鐘。」此時，學
校最後一節的下課鐘即將響起，班上的學生也正將筆記本收拾
好，放進書包裡。她無意中聽到一個塊頭較大的男生對一個身型
較小、面無表情的 A 同學說：「嘿！Smarty，你會計算我 iPod
的表面積嗎？」小男生仰頭看著露出嘲笑眼神的大男生，支吾其
詞地發出「嗯！」的聲音。

　　Heather 介入說：「嗯！孩子們！如果要測量 iPod 的大小，
我可以幫你們算出表面積。」此時鐘聲響起，孩子們飛奔衝出教
室，喜出望外地逃過數學題的計算。

　　幾分鐘後，Jay 與 Margaret 來到 Heather 安排好會談用的三
張椅子旁，抽出觀察紀錄，坐定後，準備進行觀察後回饋會談。
Heather 也準備聆聽接下來的會談。

　　身為致力於授課教師主導觀察（TDO）的透明教師，必然要打開教
室之門供同事觀察，以獲得新的專業成長經驗，而專業成長在教室中所散
發的魅力是令人驚豔的。面對學生每日例行來回穿梭在不同教室間的學習
方式，教師對於觀察或許有如下的期待：在這些資料中會發現什麼意義？
如何透過這些新的發現來改善教學？可以確定的是，當掌握了觀察的進程

時，亦即決定了想要了解的項目，以及想要蒐集的活動資料時，感受將是美好的。大夥也將配合協助，以蒐集所要掌握的資料、從資料中掌握新的事實，以及最後獲得教學的變革。此時，你與同事將準備進行 TDO 最後與最關鍵的部分——觀察後回饋會談。

觀察後回饋會談之目的

觀察開始後，觀察者在教室中蒐集到多達數頁的觀察資料，而觀察後回饋會談是同事將所觀察到的資料與主導教師分享的機會。當然資料的分享只是回饋會談的初步階段，在觀察團隊中，重要的是如何用資料回答預設的焦點問題。例如：學生在合作學習小組中，如何相互協助以達到共學之目的？教師主導教學和學生自主學習所占時間之比例問題？

討論資料也只是回饋會談的一部分。TDO 的目的在於蒐集和分析資料，以了解和改善教與學。為了完成此項目的，回饋會談的關鍵作用在於提供討論資料與後續步驟之機會。例如：這些資料將如何指引未來的教學？觀察者如何援用這些資料來了解其自身的教學？透過對這些問題的回答，實施 TDO 成了專業成長之利器。如果未能善用回饋會談及其後續步驟，會將 TDO 與其他較為短視的專業成長方法混為一談，亦即可能可以提供學習之用，但卻無法將其轉化成實質的教學改善。因此，觀察後回饋會談同時提供了平臺，讓我們可以檢視所蒐集的資料，以及這些資料對於教室運作改善的指引。

以下首先討論如何運用會談題綱，以達成回饋會談的三個關鍵目標：善用時間、聚焦在所蒐集到的資料證據，以及確定後續步驟。接著將說明回饋會談題綱的內涵，以了解如何分配會談時間。為了更加理解會談的程序，將以 Jay、Margaret 及 Heather 三位教師的會談個案

> ▶ 關鍵點
> 觀察後回饋會談提供雙重平臺，讓我們可以檢視所蒐集的資料，以及這些資料對每位參與者教學實踐之意義。

為例來作說明。透過他們的互動，將可以知道回饋會談的進行方式。最後，也提出回饋會談容易犯的錯誤，作為實施 TDO 的參考。

引領回饋會談

身為教師，都會與同事進行協作對話，有些對話較具效能，有些則否。回想有些會談的進行遠超過預定的時間，或者所列的討論事項乖違會議的旨趣。這些會談都不具效能，加上我們與同事對現有方式的自在與經驗，使我們將視回饋會談只不過是另一種形式的團隊會談而已，相同地，其結果也有流於鬆散之虞。在此章節中，將列舉幾項關鍵，突顯回饋會談與其他協作會議的不同。首先，是在半個鐘頭內，能對所蒐集到的資料做有意義的對話，並確定後續進行的具體步驟；其次，會談脈絡，也就是和教與學緊密相關的教室資料，這些資料要求開放你的教學與學生學習，而對於開放性，在許多會談中通常不會有所要求。

要達到回饋會談之目標，與在觀察前會談和觀察一樣，你付出多少心力做準備，就會有多少獲益。此外，你與同事將會發現，在觀察後的回饋會談中，將因這些籌劃與執行所付出的心力而得心應手，也更能清楚地規劃會談進行方式，以節省時間並創造有價值的學習機會。

> ▶ 關鍵點
> 要達到回饋會談之目標，主導教師的準備必須與觀察前會談和觀察本身等量齊觀。

使用會談題綱

會談題綱是具結構性的對話，為有效能的回饋會談創造基礎。題綱就像烹調祕方一樣，想要烘焙出誘人味蕾的蛋糕，必須先看食譜，食譜會告訴你要放多少杯的麵粉和多少匙的糖，如果放了比食譜要求還要多的奶油，將無法做出所要的蛋糕。正如食譜界定每一種材料使用的多寡，才能製造出所要的產品，題綱也界定了時間分配，以使參與者能在既定軌道上

朝目標前進。在 TDO 的流程中，觀察後回饋會談題綱確保了以下事項：

- 善用時間。
- 聚焦在資料證據上。
- 確定後續步驟。

在一開始，會談題綱的結構可能讓人覺得生疏，尤其是與同事共事多年，可能用慣了既定的溝通會談方式。根據經驗，同事間的情誼，並不保證會談能圓滿達成所欲的目標，比如所形成的固定模式，可能造成參與程度不一（設想在教師會議上，主席往往會直接指名最具說話分量的教師發言），或者無法有效運用時間（大家都了解在週四下午的學科會議中討論週末計畫，是相當不妥的）。會談題綱讓會談具有結構性，提升「我們所欲培養的習性：花時間聆聽，利用時間思考所說的話，在不疾不徐中多做事、少說話（或有膽識多說該說的話）。」[1]換言之，使用題綱以引導觀察後會談，將極有助於達成 TDO 的目標，從而回應關注的問題。

> **關鍵點**
>
> 使用會談題綱以引導觀察後回饋會談，將極有助於達成 TDO 的目標，從而回應關注的問題。

> **給校長的便利貼**
>
> 可以藉由提供會談題綱，鼓勵並協助教師將會談結構化；此外，在自己所主持的會議中，示範使用會談題綱。

➢ 善用時間

在所有學校和教室中，時間不夠用是無庸置疑的。在大家的經驗中，除了教學與教案設計外，還有其他額外的工作負擔，時間無疑的是極其珍貴的資產。

而觀察後會談題綱能使我們掌控時間，引導時間分配，以分享資料並

---

[1]　J. McDonald, N. Mohr, A. Dichter, and E. McDonald, *The Power of Protocols* (New York: Teachers College Press, 2007), 7.

了解資料中的意義，使得會談中的每個流程都有足夠的時間進行，進而能把握會議的動力朝向下一步的焦點邁進。所以與同事們善用時間，共享與討論資料，將是教學改善的關鍵要素。

➤ 聚焦在資料證據上

我們都透過自己的經驗視角，來觀察周遭環境，包括教室在內。觀看眼光對觀察者來說極為重要，要教室觀察者擺脫對某種特別教學法之看法，是困難的，尤其是要擺脫對特別的學生之看法，更加不可能。例如上學期，班上有某個學生磨蝕掉你的耐心（一個臉龐突然在心中浮現），或者另一個極認真、努力想獲得 A 的同學，凡此學生平時的表現，都讓觀察者很難客觀聚焦在所蒐集的資料上。事實上，在仔細檢視資料之前，往往由於先就知覺與經驗對學生表現做了歸類，從而對所做的觀察驟下結論。因此在回饋會談中，與主導教師分享資料時，你可能使用了在一般教育對話中慣用的評論語彙，例如：感到無聊、投入、努力、破壞等，而絲毫未覺。

下列的評斷就足以說明觀察者在與主導教師檢視資料之前，就已經做了個人評價：

　　「這些學生真的很投入！」

　　「除了三個學生外，其他學生都參與小組討論，然而這其中兩個學生，去年在我班上卻總是很文靜。」

　　「你對學生維持高的期待，因此我發現你的課上得很有效能。」

這些評斷都有問題，因為它們假定主導教師與觀察者對投入與有效能等主觀語詞所描述的學生和教室活動有一致的見解。然而，當你擔任觀察者，開始描述你觀察到的行為（而非對這些行為貼標籤）時，你可能會發現，你們對一個專心的學生看起來應該是什麼樣子，有著不同的觀點。遵

循教師指示的學生就等於是專注學習的學生嗎？在一陣陣學生交談聲蓋過其他聲音的教室情境中又要怎麼樣看待學生呢？

　　一位透明的教師應能專注在證據上，藉由提供教室中所見所聞的資料進行說明，作為扎實討論的依據。因此不要寫下類似「這些學生實在投入！」的紀錄，作為一位觀察者應該觀察學生的眼神或抄錄學生間的談話內容。由資料出發，會談就能自資料導入有意義的焦點問題，例如：在教室中，學生投入的神情、有效的學生小組活動之形貌、所觀察到的學生，在課堂結束後理解程度的證據是什麼？這些問題能引導同事協同探究並作為 TDO 實踐之核心。

　　➢ **確定後續步驟**

　　回饋會談題綱提供會談架構，使得主導教師不至於忽略資料的教學意義或對於資料的反省。沒有會談題綱，將使主導教師與同事的會談流於漫談，毫無章法可言，例如：你自己的聲音可能是會議中一直聽到的聲音，或者你可能與那些遵循這些主導聲音的人相處融洽。雖然會談的主要目的在闡明所蒐集到的資料之意義，並導向教學革新之決定，但若無會談題綱，將使會談無法聚焦。

　　在年級或學科會議上，你一定時常碰到花了 30、40 分鐘之久，仍無法針對某一議案做出決定的情況。如果這種類似情況阻礙回饋會談，將使觀察之最後步驟，也就是確定資料在教學上的意義，無法獲得彰顯。因此，在會談中無法做到程序的結構化，將無法確定後續步驟，使得所蒐集的資料對於教學改善不具意義而流於形式。所以題綱可以掌握會談的進行並獲致所欲的結果。

回饋會談題綱

　　我們所提出作為回饋會談之題綱，共有三項要點：觀察者分享資料的時間、主導教師反省所分享的資料、主導教師與觀察者共同討論資料在教學上的蘊義（見圖 5.1 與 5.2）。雖然這只是回饋會談的一種模式，但聚

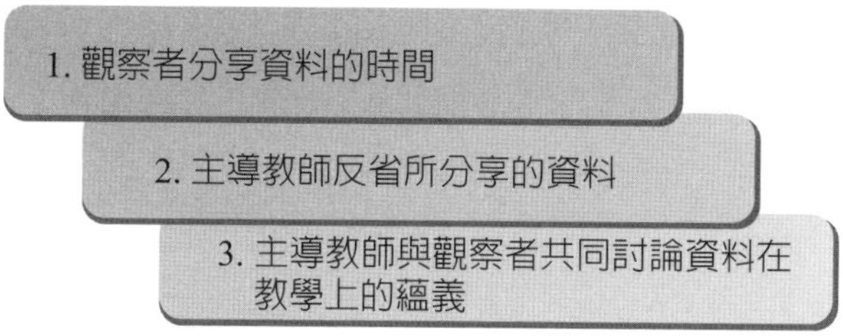

1. 觀察者分享資料的時間

2. 主導教師反省所分享的資料

3. 主導教師與觀察者共同討論資料在
教學上的蘊義

圖 5.1　觀察後回饋會談之要素

1. 觀察者討論觀察到的教與學資料
   - 用描述語詞：所看到與聽到的內容為何？（4 分鐘）
   - 對於訊息的看法為何？（4 分鐘）
2. 被觀察教師說明所觀察到的資料與焦點問題之關係（2 分鐘）
   - 資料對於焦點問題的解釋為何？
   - 資料是否闡明教學的其他範圍，如果有，所指的是什麼？
3. 觀察者與被觀察教師討論後續步驟（5 分鐘）
   被觀察教師的問題
   - 所蒐集的資料能否對未來的教學做出指引？
   - 我是否應嘗試其他教學策略？
   - 我有哪些需要進一步學習的地方？
   觀察者的問題
   - 從觀察的經驗中，我學到了什麼可以運用在自己的教學上？

圖 5.2　回饋會談題綱

焦在所蒐集的資料與對教學的回應，是極有效的觀察後回饋會談方式。

　　回饋會談往往很容易聚焦在會談題綱所訂的步驟，而忽略時間的分配，往往想當然爾地認為：「只要依據需要，討論每個主題即可。」因此在進入回饋回談時，要注意避免這種心態。忽略時間的限制，可以設想將會產生的問題是：需要時間去確定和思考後續步驟時，會談已經到了尾聲。然而，如果未能充分善用會談題綱所分配的時間，來深度討論同事所提出的資料，也同樣不妥。當然，在會談題綱討論期間沉默思索片刻，是

完全可以接受的。作為被觀察的教師，一定想試著花 2 分鐘時間反省同事所提供的資料。因此，在進入下一階段前，可以容許這片刻的緩衝時間，而這段時間可以讓每位參與者（包括自己）都稍作喘息，這也是 TDO 自主觀察的特點。事實上，我們也時常採用稍待片刻的方式，讓學生整理思緒。在回饋會談期間沉思片刻，也將具有同樣的效果。

➤ 觀察者討論所蒐集的資料

會談題綱的第一階段主要是觀察者分享所蒐集之資料，亦即觀察者是回饋會談第一階段的唯一發言人。作為主導教師可能會試著想要說出自己的想法，然而此時若介入發言，將對整個過程和學習造成反效果。當觀察者說你只點了為數 28 名學生中的 7 名回答問題，或有 1 名學生沒有參與小組討論時，你可能想要說明點這 7 名學生的原因和該名未參與討論學生的背景因素，以釐清某些觀察到的結果，或解釋所蒐集資料的結論。但是加入這些解釋，將有損會談題綱第一階段的客觀性，因為這階段主要用意是分享觀察到的資料。

如果整個團隊想要了解資料帶來的意義，以結合教學，就必須在汲取意義前，了解所有觀察到的資料，否則就會如同透過科學實驗以獲取結論時，卻未檢視由實驗所蒐集到的資料一樣，是無效的，只是徒具表面形式而已。因此回饋會談第一階段將劃分成兩個部分，也就是給觀察者時間，用描述語詞分享觀察到的現象，之後說明資料的意義。至於觀察者對資料意義的提出，可以用語句或問題之形式。以下將以 Heather 與同事在觀察七年級數學課之後，進行回饋會談的第一階段為例做說明。

Heather 主持會談，她說：「Margaret，妳是否開始分享所記錄到的資料？」

「好的！」Margaret 說：「妳要我在上課時，抄錄並計算賦予學生學習任務所得的結果，以實作逐步釋放責任的教學方法，我在 20 分鐘內記下 17 個問題，這是我記下的一部分：

『妳的策略是什麼？』

『對於這個方程式，妳尚未考慮到其他什麼要素？』

『妳如何求得圓的面積？』『下個步驟是什麼？』

『2π，什麼 2π？』

『妳如何利用周長求面積？』

妳看！許多問題激發學生思考，我認爲妳試著爲學生搭學習鷹架……」

「Margaret，抱歉打斷妳的分享，但我實在有興趣聽聽妳所觀察到的問題，以便檢視妳和 Jay 所蒐集到的資料。我們將會花 1 分鐘討論資料的意義，但現在對我們最有助益的是扣緊資料的分享。」

「好的！我們看，這是我蒐集到的其他問題：

『有了高，你需要乘以什麼？』

『r 代表什麼？』

『半徑和直徑有什麼關係？』

『2r 和 d 一樣嗎？』

『我們在最後的步驟需要做什麼？』

『你的公式是什麼？』

『你如何求得面積？』

『你會計算周長嗎？』

『如果我們要計算表面積，第一步要做什麼？』

『你想到什麼解決策略嗎？』

『我們需要其他什麼訊息？』

『我們正在求什麼？就這樣嗎？』

這是我所記下的問題。」

「我僅記下學生的問題，」Jay 開始說：「我仔細聽，但僅記下 3 個問題。Andrea 問：『我接下來該做什麼？』Juan 問：

『是公式 2c 乘以 h 嗎？』以及 Zach 問：『如果那是圓柱體表面積的公式，那麼體積的公式是什麼？』」

「真有趣！」Heather 說：「在我們深究這些資料之前，有幾分鐘時間供各位討論對這些問題的看法。」

Margaret 說：「我正在思考在妳課堂中，問這些問題的用意。當我檢視這些問題時，發現有些問題更能激發學生思考，尤其是當妳問接下來的步驟或回想公式時。就如我剛才所說的，或許這些問題是協助學生理解的鷹架，果真如此，我在想學生是否已準備好妳賦予他們的學習責任。」

Jay 補充說：「妳也知道這讓我回想起我們之前的會談。在觀察前，Heather，妳說妳的目標在賦予學生學會計算立體物品表面積之任務。我在想學生是否能自主或在小組中承擔這樣的學習任務？也就是這些問題有提供學生足夠的引導嗎？以至於我們無法了解在先前的表面積課堂上，學生是否已經學會了計算表面積的能力。」

Margaret 解釋說：「我注意到的其他事情是學生和老師問題的比例多寡，我想或許 Heather 可以少提出一些問題，學生雖然沒有鷹架，他們也能完成學習任務，所以減少提示或提問，或許將更能提高賦予學生學習責任的效果。」

就像 Heather 一樣，在回饋會談的第一階段中，主導教師雖然保持緘默，但同時仍扮演關鍵角色：蒐集所有資料並開始思慮資料對焦點問題的蘊義，而當同事開始討論資料的意義時，也會帶來獨特的見解與觀點。

➤ 被觀察的教師反省所蒐集到的資料

回饋會談的前 8 分鐘已經完成許多任務。資料對教學的意義，以及很多相關的想法已經縈繞在你腦海中，你可能喋喋不休地分享你的想法；或者，這些大量的資料需要一定程度的處理，而資料會在有效率的會談中快

速處理。無論哪一種形式，現在正是探討這些資料如何回應焦點問題的時機，也是好好思慮其對教學改善意義的時刻。

讓我們再次探訪回饋會談中的 Heather，聽聽她的反省：

> 「妳知道嗎？聽到這麼多我提問的問題，我有多麼訝異！我總是認為問題是激發學生思考的良方，但我也懷疑我所提的問題在課堂上是否真的能讓學生進行思考。Margaret！當妳分享妳記下的資料時，我留意到有些提示對於學生思考接下來的問題是必要的，但現在我看到紙上所抄錄的這些問題後，我懷疑是否也妨礙了培養學生必要技能以獨立解決問題的目標，如果我一直促發他們思考，他們如何能培養自學能力？
>
> 我也真的對學生所提問題的數量感興趣，只有 3 個嗎？我不認為。在課堂結束後，從蒐集到的學生回饋，我知道他們大都學會計算表面積的過程。結合學生對我的提問，他們的學習結果讓我了解到，在他們思考時，我不需要提供太多的學習鷹架，而應聚焦在引導他們從事我設定的思考目標。我認為他們將會從這些數學題目中學習到解題所需的程序而獲益，因此無須我不斷地直接提示。」

教師必須了解教與學的緊密關聯，也就是必須在學生的學習脈絡下檢視教學，才會具有意義性。在回饋會談階段，透過觀察者蒐集的資料，提供主導教師探索教室中教與學關係的情境脈絡，而省察教與學，將促進教學專業之學習成長與涵泳教學能量。

➤ 觀察者與被觀察教師討論後續步驟

你和同事已來到 TDO 實踐的總結階段：致力於教學精緻化的時刻。雖然主導教師所關

> ▶ 關鍵點
>
> 回饋會談流程中，TDO 學習的總結在於主導教師與觀察者能利用機會，致力於特定教學的精緻化。

注的領域與設定的問題引領著整個過程，但對於觀察者而言，也是思考他
們自己教學的良機。主導教師願意打開教室大門並分享教與學之過程，不
僅讓自己能有專業學習，也讓你的觀察教師能獲得專業學習。我們再次回
到 Heather 的回饋會談，看看他們接下來進行的事項：

　　「好的，我們現在準備討論後續步驟。」Heather 說：「我
先開始，但如果有需要，大家可以隨時插入討論。就如同先前提
過的，你們蒐集到的資料，讓我思考在課堂上提問的方式以及學
生監控自己思考過程的能力，尤其是對那些涉及數個解題步驟的
問題，就像今天課堂上的問題一樣。身為教師，我期待學生無須
按照我的提示，就能確定問題解決的程序，如果未能做到，那就
表示他們尚未具備問題解決能力，不是嗎？這讓我回歸原先聚焦
的問題，就是運用逐步釋放責任。因此，我的下一步是讓他們有
機會來協同解決這些數學問題，我以為已經在進行了，但現在我
了解到我仍然在主導教學。」

　　「下堂課我們將運用他們既有的能力，以學習其他幾種立體
形狀，並給他們在小組中實際操作的機會。我也想了解如何讓學
生思考自己的思維方式，也就是提供學生更多後設認知學習之機
會，不要透過引導他們思考，而是多聽聽他們自己面對問題時，
如何進行整體思索及確定解決程序的數學思維模式。」

　　Jay 補充說：「Heather，妳知道我不教數學課，我真的不確
定我能透過觀察學到什麼，但經過整個觀察過程，我也思考良
久，如何將逐步釋放運用在社會課中，我正在審慎地運作逐步釋
放的每個環節。觀察了妳對學生提供的指示，讓我思考到在我的
課堂中，何者該做與不該做。我想對逐步釋放的每個階段多賦
予目的性。我的學生將在下週開始撰寫小論文，我正要用這個模
式，協助他們發展出論點和論文綱要。我經常以個別方式交代

學生學習任務，我現在了解到，我忽略了逐步釋放的『我們一起做』階段。」

　　「我們每一個人透過略有差異的個別視角，體察到觀察是相當有趣的事。」Margaret 反省說：「我持續思考 Heather 在她課堂上的提問，以及在我自己班上如何扮演提問者的角色，我思考如何使學生自己提出問題，以促進自我思考，而不是依賴我。下週在數學課堂上，我將運用線性方程式解日常生活問題，當學生處理多重解題步驟的數學題時，我要他們透過腦力激盪的方式，針對問題分享彼此的看法。」

　　「Margaret，這真是好主意！」Heather 說：「那真的符合我對培養學生後設認知能力的期望，我也要運用那個理念。在這個教學單元實施前後，我將再次聯繫兩位，以分享實作策略和成果。」

　　行動計畫愈縝密，計畫實現的機會就愈大。試想有兩個人想要在工作時，每天皆能享用自備的營養午餐而非外食，雖然兩人都認為自己帶午餐是必要的，但其中一人在週日下午抽出時間，採購一週午餐所需菜色並預作料理之準備，另一人則毫無事前規劃，那麼哪一位在一週後能做出改變，其結果就可想而知了！當你不只是確定教學要做改變，同時也對改變的時機做出承諾時，你從 TDO 經驗中汲取的教學價值將會提高。你是要在下堂課抑或是下週開始實施 TDO，以做教學變革？縱使在忙碌的行程中，若有一顆投入的心，將使教學改善得以化作具體行動。

> ▶ 關鍵點
>
> 當你不只是確定教學要做改變，同時也對改變的時機做出承諾時，你從 TDO 經驗中汲取的教學價值將會提高。

　　與同事規劃後續追蹤會議，可以營造不帶強迫性的革新績效責任，也可以再次了解實施的成敗與困難。與實施一項理念且獲得成功的經驗相

較，教學要複雜得多。如果教學是那麼單純的活動，我們何以對教學的結果總是感到不甚滿意！與觀察者共同提出一項計畫，以期再探詢觀察的焦點問題，將帶來進一步探究的契機。身為主導教師，可以在回饋會談結束時提出：「你們願意在一個月後，再回到我的教室嗎？」這樣的問題。

回饋會談結束時，觀察者會交給你他們蒐集到的觀察資料。這最後的步驟具有 TDO 實施過程的實質和象徵意涵，也就是除了提供所有蒐集到的資料外（資料可能太多而無法在會談中詳述），也說明了一項關鍵：他們履行了觀察責任，蒐集了資料，協助你達成所提的目標。

所蒐集到的資料之蘊義

Heather、Jay 及 Margaret 在此案例中烘焙了完美蛋糕隱喻的圖像，他們謹守會談題綱，針對回饋會談的要項分配必要的時間，並得出具意義的後續執行步驟。因為進行之順序會影響結果，因此他們都遵照既定程序，首先以描述方式檢視資料、闡明資料的意義，最後討論對教室教學的蘊義。如果未能發掘出所蒐集資料的意義，就無法確認教學良窳，教與學之改善也就遙遙無期。

基於此，我要進一步討論闡明資料的最佳程序。在前面的章節曾強調在資料蒐集階段與初步回饋會談時應採取描述方式，然而闡明資料與獲取結論也是回饋會談的重要層面，這是有意向性地爬上推論階梯，由檢視可得資料、賦予意義、得出結論，並以結論為基礎，做出行動。[2] 這些步驟極為關鍵，但須花時間充分檢視所蒐集的資料後，始能為之。

身為授課教師主導觀察的團隊領導者，在要準備爬上階梯時，也必須擔任領導的角色。由 Heather 的觀察中，Margaret 一開始即說出其感受，Heather 提供簡明的會談題綱，提示她先分享資料，接著才建構意義，這是回饋會談必要的轉換過程。

2　C. Argyris, *Overcoming Organizational Defenses: Facilitating Organizational Learning* (Boston: Allyn and bacon, 1990).

常見的錯誤

觀察後回饋會談是將蒐集的資料化作確切教與學改善的時機，若運作失當，TDO 的步驟將會錯亂。此處所提出的常見錯誤，不僅有害回饋會談，也有損 TDO 實際運作所帶來的學習意義。若能在第一次回饋會談前重讀這些常犯的錯誤，將能避免重蹈覆轍而獲致成功經驗。

停留在「讚美之地」

教與學之協作會談，時常會處於「讚美之地」（即一味的讚美），而未能分析教學實踐。[3] 這種文化「妨害團隊達成穩當的協作會談之目標，教師間應該相互詰問，以及檢視自我的思維、信念、假設及實踐。」[4] 我們時常聽到教師在會談時肯定同事的教學效能，而非認眞地說出教與學要如何改善，時常出現以下的說法：你在鼓舞學生方面，做得相當棒；對於這群極難應付的學生，你眞的做得很好；我從你的課堂中獲益匪淺。這些評論形式雖然令人舒服，然而一開始就恭維，將有損於協作會談的初衷。

要避開「讚美之地」之方式，在於謹記 TDO 會談是針對教學而非教師本人，是關於實踐而非對人本身。[5] 作爲主導教師，在引導與定調會談時極具關鍵，你可委婉地說：「謝謝你正面的評價，但我要的是改善教學，所以我想我們應該討論你們的觀察、想法，並提出改善的意見。」從而重新引導會談進行。就如同爲學生提供技能操作的模式，我們也可以爲同事塑造所欲的探究模式。因此無須擔心拋出問題，以展現深度檢視自我教學的決心。

3　E. City, R. Elmore, E. Fiarman, and L. Teitel, *Instructional Rounds in Education: A Network Approach to Improving Teaching and Learning* (Cambridge, MA: Harvard Education Press, 2009).

4　McDonald et al., *The Power of Protocols.*

5　City et al., *Instructional Rounds in Education.*

過快爬上推論階梯或原地踏步

　　人們很容易用心中對於教學品質的單一結論來完成教學觀察——特別是因為教師經歷過的許多觀察，都獲得這種偷工減料的結果。因此觀察後回饋會談要求觀察團隊在做出結論之前，能夠分享和檢視教與學之客觀觀察資料。會談題綱的設計就是著眼在闡明意義前，能有分享和檢視資料的時間，題綱的作用就是在梳理出意義前，須先判讀所有資料。當我們提防過於倉促地爬上推論階梯時，也要注意不爬推論階梯同樣大有問題。換言之，如果團隊僅分享資料而未討論資料的意義，並做出教學改善之結論，將無法真正了解教學過程，這種觀察對於教與學的改善，均屬徒勞無益。

坐而論道，缺乏對行動的承諾

　　對話是 TDO 的核心，然而教與學的對話本身並無法改善教學，教學改善必須對教學做出改變才有可能。換言之，在回饋會談結束後，確定及投入特定的教學變革是邁向理想的必要步驟。忽略這最後的步驟，會談效果將僅止於會議本身而已。

未能討論教與學之關係

　　校園的組織文化可能較讓人樂於討論學生的學習，而非教師教學與學生學習之關係。討論後者需要教學的公開透明化，這可能帶給教師心理的負擔與傷害，使得教師在專業發展上望而卻步，不願使用。如果你參與關於學生學習的討論對話，但不曾深入研究自己的教學，通常會成為觀察後回饋會談的障礙，其結果將會如何？顯而易見的是，如果未能討論教與學的關係，就無從確定教學要如何改善，也就無法提升學生的學習成就。基於此，唯有透過檢視自己教學和學生學習的關聯性，方能成為更具效能的教師。TDO 能強化教師，在教室中主導檢視自我教學專業成長是否落實。

結語

　　現在你應該能深刻了解如何掌控觀察後回饋會談，以產生所欲的結果。更能使用會談題綱，引導會談能有效的聚焦，也了解到用從團隊中蒐集的資料來闡明意義的重要性。雖然授課教師主導觀察的步驟是明確的，但學習整個運作過程仍須不斷演練。觀察者所蒐集與分享的資料，能界定教學所須做的改變，從而使得革新計畫之擬定成為可能。回到教室後，將對學生及其學習有更深入的掌握，使得教師的教學與學生的學習相得益彰。

　　在下一章中，將進一步討論行政配套事宜，包括將 TDO 引介到學校和教室中的各種方式，這會替專業成長帶來嶄新氣象。我們也將協助你思考，如何透過處理必要資源（例如時間、人員及經費）的方式，從而做好準備。

第三部分

支　持

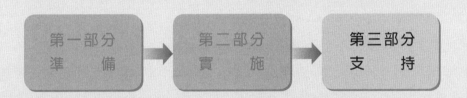

第一部分　準　備　→　第二部分　實　施　→　第三部分　支　持

第 6 章
處理行政配套事宜

　　Jay、Margaret 和 Heather 三人在初次實作授課教師主導的觀察（TDO）之後，在一年之中，又再做了兩輪的觀察。他們互換角色，使每一個人都能成為主導教師。在縝密協調規劃時程後，只須在上課前或放學後，花 15 分鐘開會和觀察，因此無須耗費太多上課的時間。行政人員對於他們的努力很感興趣，必要時，還會協助安排代課。Jay、Margaret 和 Heather 都感受到 TDO 對於他們的教學有長期的顯著效益。Heather 修正她的提問策略，以強化學生的學習任務，結果發現師生學習的換位，比預期更為平順。TDO 讓三位教師打開他們的教室大門，成為透明的教師，掌控主導自己專業成長的學習之旅。

　　在讀完第 3、4 及第 5 章後，相信 TDO 能提供你自己、學生及學校一個清晰的圖像，並且將會發現它可能帶來極具吸引力和令人振奮的效果。我們也敢說，在這方面，你一定會深深地吸一口氣，然後思考如何採行，以提升教學的成效。事實上，TDO 應做好萬全準備，也就是處理行政配套事宜，才能使得 TDO 之運作有如魚得水般的順暢。

　　有此體認時，你已經在透明教師之列：勾勒願景是這過程中的第一步。也就是說，透明教師首先必須具備願景、動力及堅強意志。而在由願景至實現過程中，將會想出實踐的許多具體問題，能夠如此，那就已經走

在對的道路上。本章將提供你在學校中如何實踐 TDO 之良策。

在這裡，將列舉不同情境中的實施方式，這些例子也說明了在有限的資源下，TDO 也能有效地運作。而你也將了解，縱使所處的境遇困難重重，TDO 也能提供有助益的專業成長學習。本章將說明三種切入的運作模式：個人的、團隊的及全校的，了解後將可以選擇對自己最佳的方式進行。此外，也會介紹有效分配三種資源的細節，即時間、人員及經費。

實施的規劃

事先規劃就像事先安排旅遊的交通、住宿及活動，接下來就可以隨著行程的展開而舒服地享受整個旅遊。縝密的規劃提供有助於你的一種旅遊架構，使你即使在露天咖啡館而非高檔餐廳用餐，也是你自己想要的。同樣地，在觀察之前，對於相關細節做仔細考量，將為你帶來專注在教學專業學習上的樂趣，而不是專注在相關的行政配套事宜。以教師和學校在 TDO 的運作為例，我們將強調可資運用資源的取得方式，以便將規劃的心神用在觀察的重要層面。

切入點

這部分將詳細說明實施時應考慮的各種切入點。所謂切入點指的是觀察活動的發起人，可能是個別教師、教師小組或全體教師。這些切入點是 TDO 啟動的位置，每一種方式都有其各自的優點。我們就曾發現，有些學校一開始是由一群教師主動組成小型的非正式網絡，改革的動力與熱情由此展開，繼而影響較大的社群，教師們投入授課教師主導的觀察，在過程中感受到它帶來的正面體驗，帶動了教學革新的士氣與動能。有些學校則採取相反的模式，一開始是由全體教師參與 TDO，以求快速啟動教學革新，其中把第一輪的觀察當作學習，也就是學習 TDO 觀察的過程架構，隨著全校教師都了解 TDO 的運作過程後，就由教師隨個人喜好採取

所欲的模式，此時教師可以隨意組成個別社群來運作。就一般情況而言，一所學校的成功經驗，將會帶動區域的其他學校，實施類似的觀察活動。

　　綜觀前面的章節，我們已透過主導教師的視角探究 TDO 的運作過程。雖然從確定焦點問題到觀察後回饋會談，都是以主導教師為核心的個人化學習，但是該觀察活動對整個團隊、學校或甚至學區而言，都深具影響力。

> **關鍵點**
>
> 雖然主導教師居於授課教師主導觀察之核心，然而其運作過程對整個團隊、學校或甚至學區而言，都深具影響力。

　　因此接下來的部分，可以幫助你找尋哪個切入點最契合你所處的學校脈絡和個人角色。

➢ 個人模式

　　個人模式居於 TDO 最有機的層面，因為這是始於個人對實質專業學習成長的渴求。使用有機這個字眼，是指「無須借助外在的激勵」。我們可以發現一些極其牢靠的教育理念，都始於某位教師，因為他具有某種識見並嘗試付諸實施，隨後這些理念透過實踐而有機地成為系統性的標準。

　　設想有位教師想要改善教學，並以自己的教室、教學及學生作為深化專業協作的場域，從而徵求同事參與，這些同事可能並不熟悉 TDO 的運作。先前各章所舉的中學數學教師 Heather，就是說明個人模式的一個案例。

　　以個人為切入點，指的是某位教師徵求他人加入觀察行列，這最契合 TDO 授課教師主導專業學習成長的精神，觀察的時機與自觀察中獲得哪些學習，都真實地奠基在教師個人的興趣上。雖然這種模式賦予主導教師極大的責任，卻也提供教師最大的自主空間。也就是教師可以自主選擇焦點問題與參與觀察的夥伴，就因為教師個人可以自主界定觀察的每個環節，因此這項觀察主要在裨益主導教師本人。

> **關鍵點**
>
> 個人模式賦予主導教師極大的責任，也提供教師最大的自主空間。

　　設想某位教師週一時確定教學現場有改變的需求，而隨後在同一週

內邀集夥伴進入教室蒐集資料，來幫他解決問題。因為只是一間教室的觀察，其行政配套事宜很簡單，尤其是當教師們有共備時間時，會更顯得容易。以 Heather 的經驗為例，在 TDO 的運作過程中，幾乎沒有遇到如何安排時間的惱人問題，也由於同事的協助，所需的也只是時間資源。當然對於 TDO 的運作要有一定程度的了解與樂於採行，而 Heather 對於確定焦點問題與引導小組會談能力之嫻熟，也都是其成功的關鍵。

由此可知，個人模式需要其他模式所沒有的能量，從對 TDO 運作歷程的理解，到觀察前後會談的引導技巧與細部規劃，主導教師都必須具備相關能力，方能使個人模式成功運作。雖然個人模式最能契合教師個人學習成長之需求，卻缺乏其他模式所具有的團隊凝聚力與協作學習，這些其他模式將在接下來的章節中說明。

個人模式具有促進教學專業有機成長的潛力。我們就曾經與一所被州政府稱為「需要改善」學校的領導團隊合作，該領導團隊的任務是確定並執行學校改善計畫。我們將 TDO 引介給該團隊，在演練過 TDO 的細節後，該團隊擬好介紹 TDO 計畫給全體教師以及全校性實施的計畫書。然而該團隊也警覺到，教師可能會將該計畫視為只是另一項改革方案而已，因而在我們的建議下，他們不宣布該項革新方案，而是由每位團隊成員邀集同儕協助改善其焦點問題。所以這是沒有發布、也沒有指出名稱的改革模式，是每位教師低調地邀請同儕協助其進行教學觀察的改革。

一年後，該校的每位教師幾乎都參與一輪的觀察，超過半數的教師至少邀集一個團隊進入其教室做觀察。雖然在學區和州層級有更多正式的革新方案，還有待花費更多時間，然而在年終調查時，幾位教師都認為這次的觀察是他們職涯中最好的專業成長活動。此外，領導團隊相信當初他們回學校時，如果直接「宣布」TDO 是一項革新方案，將無法達到現有的成果。

> **團隊模式**

教師組成的團隊也是 TDO 的有效切入點，團隊可以來自學科或年

級，或甚至是一起共進午餐的教師。教師團隊可以選擇只做一輪的觀察，每位教師可以同時是主導教師（確定觀察焦點）與觀察者，一輪的觀察可以進行一天或數天。

我們時常看到現有的團隊（包括專業學習社群、實踐社群、某一年級教師或新教師群體）決定共同實施 TDO，主要是基於他們有共備時間可以進行觀察前後的會談。授課教師主導的觀察能運用和奠基在協同的基礎上，結合協作的機會，以謀求教學的改善。當協作學習社群的參與者共同討論學生的學習成果與教室的觀察資料時，可想而知，他們將進行扎實的對話！而其對話可以從指出學生學習需要的想法，轉化成如何實踐這些想法的具體措施。

> ▶ **關鍵點**
> 授課教師主導的觀察可以利用與植基在現有團隊上，增添實質的相關要素，以促進更緊密結合的協作機會，從而改善教學。

較非正式的學校社群，也可以作為運作 TDO 的團隊模式。例如：在某一所中學，跨學科領域的教師齊聚一堂，共同討論一本書，這個共學的主題成了參與者的焦點問題和觀察的基礎，而這些團隊也可以用更有機的方式呈現，例如兩位教師利用其值班時間，討論班級經營時學生讀書小組所遇到的問題，最後決定採行 TDO，做一輪的觀察。

不管團隊是現成的或基於共同興趣組合而成，與團隊夥伴透過 TDO 的實作，來共同討論學生的表現、學習內容或某一特定領域的教學改善，都深具價值。有了共同的焦點，例如加強學生學習的專注度或精緻化蘇格拉底式的研討的實施，都能採用集體的專業、經驗和班級資料，來分析焦點問題。

團隊模式除了提供 TDO 一種切入方式外，也可促進 TDO 持續運作，以利於教師在不同時間，重新探索學生的需要或教學策略，也可以讓每位教師在一年中主導數輪觀察。因此，我們時常發現教師讚許關係緊密的 TDO 團隊，其價值在於能針對某一個主題進行持續數個月或一整年之久的探究，並獲致其對教學改善之意義。

> ➤ **全校模式**

TDO 的全校運作模式是團隊模式的擴大，包含了全校數個 TDO 運作團隊，期程可達數週或數月之久。以全校模式作為 TDO 的切入點，在於提供機會讓所有教師學習和樂於採行這種方法。通常在需要快速推動革新時，行政主管或教師領導者都會選擇全校模式作為切入點。

全校模式的 TDO 運作方式較能促進協作的校園文化，否則教師間較難有機會一起共事。全校模式可以採用現有的組織團隊，或鼓勵以跨學科和跨年級的方式籌組新團隊來執行。某個中學教師團隊結合了合唱團、化學、健康及英文教師，其觀點的不同和專業的多樣性可想而知。

> ➤ **關鍵點**
> 全校模式的 TDO 運作方式能促進協作的教師文化，否則教師間難有機會一起共事。

當所有教師在同一棟建築物中投入 TDO 運作時，教師展現集體動力，在開放的教室中，營造愉悅自在的氛圍，打破了許多學校中常見的專業隔閡，而逐漸成為透明的教師。這種層次的共享與開放性，成為全校性 TDO 的教師之間共同做事的方式，進行有關教學的會談成了專業對話的共同特色。

實施全校模式的學校，會察覺其最大的優點在於揭開教室內的神祕面紗，使教學運作過程變得透明化。然而，實踐 TDO 的最大障礙在於苦惱如何打開教室大門，供同事觀看。

因為教學專業具有孤立的性質，我們最常聽到這樣的問題：這個過程真的不是在做評鑑嗎？這是有意義的過程嗎？若有學生妨礙我的教學計畫，該怎麼辦？嫻熟 TDO 的參與者在參加之初都有類似的疑惑，但隨後就被觀察帶來的價值所鼓舞，焦慮之情也就煙消雲散。為所有教師創造實施 TDO 的機會，就是為後續全校性的參與鋪路。

當然想要讓全校教師都參與一輪 TDO 絕非易事，讓幾十位，甚或上百位教師彼此觀察，其時程安排的行政配套事宜就是極為惱人的事。研擬

觀察計畫與資源分配，尤其是在選擇何時和何人做觀察時，都將降低教師的教學自主。因此若缺乏細部溝通，當教師提出：這真的是教師主導規劃嗎？我為何不能自己決定何時觀察或挑選觀察者呢？類似的質疑都將削弱教師實質的投入。

> **給校長的便利貼**
>
> 全校的切入點尤其倚重你的支持。下一章將協助你更加完整地了解如何協助教師參與全校性的觀察。

但我們也發現有些學校針對這些困難，成功地做了好的協調（參見第 8 章），並建立全校專業學習架構，提供機會讓教師確定感興趣的領域，以及透過蒐集教室資料來檢視教與學。質言之，惟有教師與學校領導者都能理解個人、團隊或全校模式的獨特目標，方能促進具實質意義且確切的教師專業學習。

雖然我們所討論的每一種模式都有其優缺點，但何者最契合，仍須參考其他影響因素，仔細審酌優點和缺點而做出決定（見表 6.1）。

> ▶ **關鍵點**
>
> 選擇何種模式做切入點，有賴考量學校脈絡和發動觀察者個人的角色。

資源調配

對於身為主導的教師而言，唯有將基本理念轉化成學校教與學的實務，改善的過程才能具有實質價值。換言之，在 TDO 成為專業成長過程之前，你和學校必須獲得實施所需的必要資源。本章其餘的部分，將探討如何整合利用學校可得的資源，妥善安排觀察前會談、觀察及觀察後回饋會談。從學校實作所提供的案例，說明了致力於改善專業學習的願望與創意性的思維結合，可以確保 TDO 的理念化作實際的成果。

> ▶ **關鍵點**
>
> 具體可行的合理實作 TDO，必須考慮你自己和學校可供運用的資源。

▶ 時間

身為一位教師，有太多需求，例如從教室教學到有效教學的規劃與準備會分散你的時間（當然，還有許多其他的相關任務，從這些基本工作

表 6.1　授課教師主導的觀察模式

模式	正向優點	挑戰
個人模式：單一教師結合其他教師進行觀察	• 觀察的時間與學習重點，植基於教師個人的興趣 • 賦予主導教師最大的自主權 • 運籌方式較為單純 • 專業成長較具個別性的生機活力	• 主導教師將承擔極大的負擔 • 比其他模式需要更大的能量：主導教師須能確定焦點問題，並以一己之力引導同儕 • 可能欠缺其他模式所具有的團隊凝聚力與協作特性
團隊模式：小型教師團隊的教室觀察	• 能在現有的協作組織基礎上，運用既有的團隊或另創新的團隊 • 團隊能選擇一起運作幾輪觀察（每位教師皆能擔任主導者或觀察者） • 提供團隊間扎實的對話機會 • 團隊能提供 TDO 永續運作的脈絡	• 如果現在的團隊未能協調出共同的 TDO 時間，將使得行政配套事宜難以進行（例如：何時聚會和由誰來代課） • 現有團隊可能無法如同個人模式提供多樣態的機會（例如：年級團隊將缺乏來自其他年級的觀察者）
全校模式：全校數個團隊組成，能達到全校人員的全面參與	• 提供每位教師順利運作 TDO 的機會 • 能使 TDO 快速推展 • 促進協作的校園文化 • 使跨年級和跨學科教師有互動的機會 • 創造全校性教與學集體對話的團體動能	• 行政配套事宜之安排較為困難 • 如何在為數眾多的教師中，建立執行的責任歸屬

中，也會耗費不少心神）。因此，你可能會同意，學校最難以供應的資源就是時間。而無可否認的，TDO 也需要時間──從觀察前會談、觀察及觀察後回饋會談，都需要時間。

　　學校可以採取許多方式爲 TDO 的不同步驟進行時間分配。在某些學校，教師利用現有時間，針對某位被觀察教師進行約 15 分鐘的會談，這是最可行的方式。以下舉例說明這些方式的實際運作：

- **共備時間**：五年級團隊利用週三的共備時間，進行觀察前會談。四位成員謹守觀察前會談題綱，可以迅速地在 1 小時內準備完成隔天的觀察事宜。週五時，再次聚會，利用共備時間進行觀察後回饋會談。
- **上課前後**：一位中學教師要求觀察者在上課前 20 分鐘進行會談，以準備中午的觀察。在下課鐘響後的 20 分鐘內再次聚會，進行觀察後回饋會談。
- **午餐時間**：一位中學教師邀集兩位觀察者共進午餐，討論第 6 節的觀察事宜。他們準時完成觀察前會談，並預留時間討論暑期計畫。當觀察者在午餐結束要離開時，主導教師提醒他們明日午餐時間在他的教室要進行觀察後回饋會談。

　　觀察的行政配套措施涉及觀察者的教學安排（將在稍後詳述），因此需要更多的巧思。例如你安排的觀察時段，觀察者也有課程時，身爲主導教師，必須像 Heather 在第 3 章的做法一樣，邀集他們一起商討。

　　值得注意的是觀察並不需要一個完整的教學時段。根據經驗，15 至 20 分鐘就足夠蒐集所要的資料，以回饋主導教師的焦點問題。因爲在這段時間過後，能蒐集到的新資料將銳減，對於觀察者與被觀察的教師而言，其回饋效益不大。因此，如果 Heather 的觀察者在她的教室中做整整 60 分鐘而非 15 分鐘的觀察，就教師提問大量問題而學生發問相對較少這件事，將會蒐集到類似的資料。身爲主導教師，仔細界定教室的時間，將

可提供確切有用的蒐集資料脈絡，在有效的觀察視窗，讓資料蒐集極大化。

> ➤ 人員

如果時間安排對於投入 TDO 是必要的，協助人員的調配也是必需的資源。同樣的，也有許多方式能夠讓你和觀察者在觀察過程中，得以更具彈性地進行。在此舉出教師在教室觀察中，進行人員調度處理的幾種方式：

- **行政人員**：無疑地，行政人員極有興趣提供機會協助教師進行實質的、以教室爲本的專業學習。這種興趣時常透過提供可得的專業發展經費、提供時間的安排，以及爲觀察者提供代課服務，化作具體的支持行動。行政人員往往自願代課 20 分鐘或更多的時間，使得教師得以彈性地進入其他教室，擔任觀察者。

- **教育支援教師**：學校通常有教育支援團隊（包含教學助理和特教協同教師），其任務在提供教師暫時離開教室時，可以代爲上課或管理班級。詳列這些可資運用的人員，是經濟有效地進行 TDO 的方式。

- **代課教師**：代課教師可能是學校中最少被利用的資源。在一些場合中，可以看到代課教師在備課時間看報紙消磨時間，直到下一節上課。並非代課教師缺乏協助的意願，而是他們往往只被指派代理某一位教師的課。在實施區段式日課表的學校，常見代課教師有一個小時或更多時間，待在教師休息室中，而沒有和學生互動。然而有些學校會發揮創意，善用代課教師，例如列出所有安排好的教師請假名單並通知代課教師做代課準備。這種 TDO 的代課模式，無須耗費任何經費或學校人員的額外時間。

> ➤ 經費

如果說時間是學校亟需的資源，那麼經費則是第二項迫切的資源。並

非所有學校都有充裕的經費來源，以挹注 TDO 所需的時間安排。然而有些學校會將專業成長經費列於校務推動的首要項目，原因在於他們認定這項投資所產生的教師學習之回報，遠超過傳統的教師訓練活動。

　　例如：設想某校一天聘請 4 位代課教師，這 4 位代課教師代理 4 位教師上半天的四節課。在第 1 節課時，教師們可以各自進行觀察前會談，第 2 與第 3 節課時，可以有 4 位教師進行觀察，第 4 節課時，參與觀察的教師可以進行觀察後回饋會談。下午另 4 位教師可以進行同樣的 4 節觀察活動。一整天下來，有 8 位教師參與專業學習，可以直接用於改善隔天的教學。因此實在很難想像有其他種類的專業發展活動，可以用一樣的代課教師所需經費，轉化出有意義的教學改善。

　　事實上，已有許多學校無須另外找尋資金，就可以利用現有時間執行這項革新方案。然而若你需要額外經費來實施 TDO，以下是尋找經費來源可資運用的方法：

- **第一條款（聯邦補助基金）**：這是聯邦補助基金第一條款所定的教學改善計畫補助經費。想要尋求這種經費來源，可以慎選焦點問題並聚焦在低成就學生的學習改善上。
- **專業成長經費**：這種經費補助都需要至少在 1 年前提出計畫，因此可以將現有的教學需求，列為隔年實踐的項目。
- **學校改善計畫經費**：可以考量 TDO 如何協助達成學校所設定的目標，並據此調配經費。
- **推動方案經費**：如果要運用 TDO 來實施「各州共同核心標準」之新課程或新的教學架構（或許你的學區正用此來作為教師評鑑制度），通常配合這些革新方案，會有相關的補助經費可供申請。
- **家長與社區團體**：我們發現有些外部團體對於 TDO 極感興趣，他們透過資金籌募與捐款方式，贊助 TDO 的運作。

常見的錯誤

思考 TDO 的行政配套事宜，就如同 TDO 歷程本身，你投注多少的縝密思考與準備，就可以獲得多少的效益。也就是說，能掌握同事、學校及可得資源，將能妥切地進行小規模或全校性的 TDO 方案。注意下列常見的錯誤，將可以使 TDO 成為專業學習的利器與契機，並且獲得成效。

在切入點上野心太大

如果主導教師執意全校性實施 TDO 方案，將很難獲得成功，建議你應隨情境斟酌損益。我們假定大部分讀者是教師，應先針對自己的需要，選擇契合自己的 TDO 實施模式，為自己創造改善的機會，切忌不切實際——只選幾位同事，邀請他們進入班級觀察即可，其次慎選焦點問題、安排好行政配套事宜，並按部就班地展開。謹守既定的實施時程，就能水到渠成。

倘若你在學校擔任正式的領導角色或是行政人員，想要在學校或學區推展 TDO，建議先小規模試辦。例如：協助少數教師獲得 TDO 的實施成效後，再進行全校性的推廣，而不是一開始就透過教師電子郵件，公布全校性的實施計畫。雖然你極為了解你的教師，但也要參酌我們提供的建議，才是推動 TDO 的良方。

實施的要求超乎可得的時間和經費

就像其他方案一樣，TDO 也可能耗費不少時間與經費，因此務必化繁為簡，也就是尋求最簡便的方式，以回應所欲解決的問題，例如：「在這個時段裡，誰是最有可能到班上來進行觀察的教師？」「班級活動這麼繁雜，該如何規劃進行觀察並和同事會談？」就如本章先前所舉的案例，這些問題的答案可以簡化到在午餐時間進行，或利用共備時間中的 15 分鐘，以及請校內代課教師在其備課時間協助代課事宜。

躁進盲動而不顧後果

正如行政配套事宜之處理容易發生困難，我們也很容易在未縝密規劃必備的事項前就展開行動。因此必須確定已對本章所提的必要細節都已深思熟慮後，方可展開觀察行動。能做到的話，你（和活動中的參與人員）將能愉悅地進行。必須記得選擇自己真正關注的焦點問題，並且只對觀察者所蒐集的資料做回應。投注必要的時間做準備，將會有實質的回報。

結語

不管切入點是個人或團隊，我們希望已清楚闡明了 TDO 所需的行政配套事宜。如果有志於全校的觀察，行政配套事宜將極具挑戰。縝密地規劃與發揮一些巧思，將獲得成為透明教師的必要資源，而將自身的日常教學，恰如其分地置於專業成長的環境中，達到永續的發展。而成為透明教師時，將能尋繹出適合學生學習的策略與技巧。當學生學習獲得成效時，將愈能滿意教師工作。所有行政配套事宜的籌劃，也就值得了！

下一章是專為校長和行政人員而撰寫的。綜觀全書，旨在闡明主導教師在觀察的主導與參與角色。第 7 章對校長的談話，將論述校長對主導教師在專業成長時所能提供的協助，也將探討校長在實施全校性的觀察時應履行的角色，以涵泳學校內部的能量，能有利於學校專業之永續發展。在參與全校性 TDO 方案時，我們特別鼓勵身為主導教師的你也能閱讀該章；而若以個人為切入點，但你也希望學校能整體投入 TDO，建議將該章（以及本書）與校長分享，讓他也能掌握 TDO 的改革願景。

第 7 章

給校長：如何實施與支持授課教師主導的觀察

我們想要有一章把焦點放在校長。因爲過去幾年，我們遇到的每位校長都希望讓學校有長期不一樣的改變。緊接著，很多校長表示，他們想要實施讓學校變得不一樣的計畫和策略，卻沒有眞正地收到長期的效益。你可能面臨同樣的困境：努力在學生學習和教師發展方面取得實質的成果，也努力尋找一種能夠產生即時成果的持續改善方法。

這個關鍵點是我們支持的一大主張。不論你是否正在使用州的共同核心標準（Common Core State Standards, CCSS）的規準、想要實施 Marzano 的新教學架構、[1] 希望實施主題式的課程計畫，或等著要看去年夏天英語語言習得培訓的價值，授課教師主導的觀察（TDO）將能夠使教師放大對他們的班級和學生的影響，協力來改善實施的成效。

> ▶ **關鍵點**
>
> 授課教師主導的觀察能夠幫助你的教師，從學校實施的每項計畫中獲得價值。該歷程使教師能夠放大影響其班級和學生的各項舉措。

在你的支持下，TDO 可以猶如車輪的潤滑，爲你的努力提供協助，以實現長期的改變——有效幫助你更好地完成你已經在嘗試的工作。這是一個可靠的過程，你的老師可以依靠這個過程來強化教學，從而改善學生

---

1 R. J. Marzano, T. Frontier, and D. Livingston, *Effective Supervision: Supporting the Art and Science of Teaching* (Alexandria, VA: Association for Supervision and Curriculum Development, 2011).

的學習。在本章中，我們將介紹你需要了解的內容，以支持教師的實施和持續的實踐。

實施授課教師主導的觀察

那麼，身爲校長，你的角色到底是什麼呢？正如你從授課教師主導的觀察這個名稱可以得知，授課教師領導這個歷程。它使教師能夠掌控他們想要改進的內容，並爲他們提供在課堂上就能融入專業學習的方法。爲了讓你能受益，本章其餘的部分將提供你指引性的說明。我們將指出你可以在哪裡幫助教師，並爲他們示範工作的要素。當你閱讀本書的其他章節時，你會看到可以應用於學校的點子。你幫助教師的能力，一部分來自你位處學校領導的有利位置，但大部分來自你身爲教育者和激勵者的風格。

例如：我們鼓勵你做的第一件事，就是讓學校的教師培養學習者的特質。如何做到這一點，取決於正在與你合作的教師、他們已經擁有的技能，以及你特別擅長提供的協助。有些校長自己示範這項技能，有些則選擇幕僚同仁在教師會議時示範技能。有些校長傾向於讓教師在過程中擁有更多的自主權，並堅持自己身爲激勵者的角色。你最了解需要使用哪些資源以及學校教師的特性，我們相信你可以透過此 TDO 歷程，發展適當的具體措施來支持教師。

培養學習者的特質

要將 TDO 融入你學校的專業學習過程中，首先需要在團隊中培養使其能發揮效果的技能。最重要的是，幫助教師擁有學習者的特質，這是成功實施 TDO 的關鍵。學習者的特質──關注和聚焦於學習改進──是 TDO 的核心。簡言之，具有學習者特質的教師比那些沒有的人，更有可能參與有意義的學習和個人改進。事實上，一個對學習持開放態度並且持續改進的教師，甚至在開始之前就已經走上有效體驗之路了。

　　你會體認到有強烈學習者特質的教師展現出特定的行為：他們是最先自願參與 TDO 的人。事實上，他們已經常常運用不是那麼正式的機會，例如錄下自己的教學，從課堂觀察資料中學習。舉例來說，有些教師鼓勵家長進班觀察；有些教師積極地找行政人員做超出該學區要求的觀察；有些教師與同事合作學習新技術，或觀察他們如何管理學生困難行為的狀況。雖然這些觀察的目的和結構，與我們在本書中描述的內容基本上不同，但他們確認觀察是蒐集資料和學習互動的有用工具。

　　當考慮學校的教師將觀察作為改善實務的手段時，你會發現他們重視透明度並體現我們在這裡討論的學習者特質。如果你的學校沒有教師表現出這些行為，那麼在你將 TDO 融入學校的專業發展文化時，將會看到明顯的轉變。

> ▶ 關鍵點
> 幫助教師擁有學習者的特質，對於成功實施 TDO 歷程至關重要。身為校長，你要讓自己和同事培養這種特質。

　　有些熟悉 TDO 歷程的教師，可能從未公開邀請其他人進入課堂。他們對打開教室大門的焦慮可能會掩蓋其學習者特質。換句話說，他們對學習和自我提升感到興奮，但對從書本或研討會中獲得，會感到比較自在。對於其他教師來說，先前觀察帶來的非正向經驗——或者更糟糕的是，遇到一位具評價性、批判性、膚淺，或精神恍惚的參訪者——使觀察的力量蒙上陰影。我們發現，教師先前與課堂參訪者的經歷，直接關係到教師對邀請他人進入課堂的焦慮程度。高度焦慮可能會使強烈的學習者特質變得暗淡，甚至隱藏起來。

　　這就是你要進入的地方：身為校長，要讓自己和同事養成學習者的特質。當你示範相關做法時，要將 TDO 與專業發展、使用資料和運用協作連結起來，教師將學習這些基本技能。他們會對觀察過程充滿信心，焦慮會隨著興奮的增加而消退。

> ▶ 關鍵點
> 你選擇如何開始實施 TDO 的歷程，取決於學校的教師所擁有的觀察經驗。

做法示範

有很多開始 TDO 的方法，可以就你的有利位置來選擇。我們最喜歡的啓動策略是展現 TDO 如何為教師帶來改變。身為校長，你有獨特的位置，在教師會議時間為團隊示範實施一輪觀察，包括進行觀察前或觀察後回饋會談，或以上兩者。我們發現營造一個像魚缸的環境可能是有效的：參與者團隊坐成一個小圈圈，其他觀察的同儕坐在較大的圈圈觀察，以便學習 TDO 過程。你為闡明此一過程所做的努力，可以啓動學習者特質處於停滯狀態的人，並幫助潛在的參與者克服對課堂訪客揮之不去的焦慮。

成功示範 TDO 過程的關鍵，是選擇一位自信且能幹的主導教師——能夠根據所選的會談題綱，有技巧地引導對話的教師。當教師偏離資料為導向的陳述，或邀請參與者分享所蒐集的資料卻描述得過於飽和、瑣碎時，該教師應該有能力謙和地糾正參與的教師。保持會談聚焦在學習任務，並在時限內結束，是主導教師在示範會議時另應具備的先決技能條件。

示範只僅僅是我們偏好的策略，並不意味著它對你的學校來說是最好的。在有些學校，透過示範會議啓動全校 TDO 歷程可能適得其反。雖然快速採用 TDO 的教師，通常已經掌握了許多必要的技能，但是有些教師在成功開始一輪 TDO 之前，需要更多的引導來培養領導技能。如果教師技能仍處於剛萌芽的狀況，我們建議開始時先使用我們描述的其他方法之一。然後，一旦主導教師出現，甚至可能已經因成功參與觀察歷程而產生自我認同，此時在同事面前進行示範，將更具成效。

連結授課教師主導的觀察與其他專業發展機會

你們學校今年主要的計畫是什麼？你去年也在從事這個計畫嗎？與我們合作的許多校長，每年都會將教師的集體心力聚焦在一、二個方面進行改善。例如：有些學校將其專業發展工作的努力集中在實施新的課程標準上，有些學校可能會強調發展滿足標的學生群體需求的策略，有些學校的

學科正在檢視如何將新文本統整到課程之中。這些領域中的每一個，以及無數其他領域，都代表著學校內部存在可以讓 TDO 發揮不一樣作用的空間。例如學校教師可能會想：「我從哪裡開始確定自己的焦點問題？」你可以幫助他們從前述某項措施中找到一個易於開始的起點。

當你了解了 TDO 的歷程時，我們邀請你尋找其中一個元素與學校現有計畫之間的連結。本書賦權給教師能夠在課堂觀察中蒐集資料，從而為教學提供訊息和改善。因此，請考慮如何在當前你學校的計畫下實施，以便從課堂資料中獲益。讓我們簡要介紹有些學校如何建立這種連結。

有一所高中，教師在一年中參與了很多專業發展活動，學習如何在課堂上融入高層次的思考。這項專業發展是在回應多年的評估資料，這些資料顯示高中的低收入家庭學生族群缺乏此類技能。很多教師有興趣精熟他們已經學到的策略，發展了在教學中融入高層次思考相關的焦點問題。因此，他們將個人的學習焦點與學校現有強調的重點領域連結了起來。

在另一所學校，兩項重大計畫分別是 CCSS 的實施和新的教師評鑑歷程，就這兩個集體關注領域，該校教師各自選擇了其中一個，並相應地成立了 TDO 小組。CCSS 小組的教師選擇了一個他們關注的課程標準，發展出他們認為可以精熟這項課程標準的課程，並以此作為第一輪 TDO 的焦點。可想而知，透過一起探討課程標準來獲得真實的學習機會，這些教師對 CCSS 的實施做了更多的準備。

另一組教師將 TDO 與新的教師評鑑模式連結起來。他們分析了最後要被評鑑的各種規準。例如：很多教師選擇導入實務，作為他們在新評鑑模式中想被評估的一部分。對於這種分析，他們發展了焦點問題。一位四年級的老師問：「我的即時回饋如何幫助學生練習我正在教導的技能？」一位六年級的數學老師想知道：「我怎樣才能更有效地引導學生得到正確的答案，而不會剝奪他們對自己學習的所有權？」想像一下，當輪到他們被評鑑時，這些老師感受到的準備程度有多高。他們已經分析了這個模式的組成，努力地精熟特定的規準，並利用同事的觀察來改良他們的方法。

顯而易見的，如果將 TDO 與整個學校的計畫或焦點領域連結起來，你將在全校實施 TDO 時，取得更大的成功。透過建立如此的連結，你將把 TDO 整合到學校的結構中，並幫助教師對這個歷程感到自在。如果你的學校沒有現成的主導教師，透過這樣的過程，將可以培養出主導教師，在未來全校性的示範會議中可以拜託他們幫忙。

> **➤ 關鍵點**
>
> 如果你將 TDO 與整個學校的計畫或焦點領域連結起來，你將在全校實施 TDO 時取得更大的成功。

使用資料

教室裡的資料可能像搖晃過的雪花球中的雪片：它們無處不在。從教師辦公桌上的學生作業，到最新單元結束時全班的評量結果，到昨天小組學習的學生對話，教師被資料所包圍。校長站在前端的有利點，有獨特的位置支持教師，將這些資料轉換為有用的相關類別。你可以引導教師在眾多資料中使用這些資料來源，作為確認和發展學習領域的脈絡。

在這項工作中面臨的最大挑戰，是將你的努力與想幫助的教師的特定需要搭配，這可能需要取得平衡。一方面，如果你透過指出教師可以改善的事項來幫助他確認需要，他可能反應不佳，不會感受到他需要負起改善的責任；另一方面，如果教師具有強烈的學習特質，並且在確定應該聚焦觀察的地方時，向你尋求幫助，你就有能力與他一起查看資料並幫助他做決定。對你來說，在學習過程中支持教師，比你指出他們明顯可以改善之處還要重要；換句話說，特質比焦點問題更重要。

現在讓我們看一下你可以用資料提供具體幫助之處。在 TDO 歷程開始時，教師需要發展焦點問題，因為這會推動接下來的觀察。事實上，很多教師在這裡停滯不前。你可以透過下列方式，幫助教師組織和使用這些有用的資料來描述焦點問題：

• **引導他們不要專注於所教的內容，而是專注於學生的學習內容。** 例如：

在哪些內容領域，學生最近的評量顯示出熟練程度最低？這些資料爲教師提供機會，去探討如何更有效地教導特定內容或特定學生。

- **幫助他們確定需求。**爲了支持團隊導向的學習，你可以分析年級或學科的資料，以確定可能與教師相關的學生學習需求。從需求領域開始，可以爲學習和改善方向提供空間。
- **鼓勵他們運用回饋資料作爲起點。**在最近一輪的教師評鑑中，哪些領域有待改善？你如何透過 TDO 支持教師獲得這些技能？這些資料可以在 TDO 的早期階段，引導教師產生高度相關的焦點問題。

運用協作

當然，TDO 內的學習歷程是一項協作的努力。就其本質而言，需要同事團隊的幫助和見解，這些團隊不必等到觀察才和同儕合作，而是鼓勵他們在年級或內容領域進行對話，以確認並討論感興趣及學習的領域。我們還未曾遇過相關對話不是在辦公室及午餐時非正式進行的學校。

不必驚訝，有學習者特質的人可以培養其他人相同的特質。當你確定領導階層和學校需要改善或發展的領域時，你就會營造一個其他人願意同樣這麼做的環境。隨著教師學會確認需要的領域，關注改善就會變成常態。當作爲領導者的我們，公開承認並沒有所有答案時，教師更有可能做同樣的事情，展現的結果是學校文化專注於學習和改善。

> ▶ 關鍵點
> 當你確定領導階層和學校需要改善或發展的領域時，你就會營造一個其他人願意同樣這麼做的環境。

促進規劃

雖然主導教師有責任規劃觀察前會談和觀察後回饋會談，但是他或她將從你的幫助中受益。你不僅可以示範如何規劃 TDO，還可以幫助協調時間表並安排代課教師，以便在觀察或會談期間代理課程。有了這麼長的觀察項目清單，還有教學本身，教師會感激你在規劃中給予他們的每一項

幫助。

　　有效規劃 TDO，是讓教師的努力能獲益最大化的關鍵手段。忽視細節的主導，教師很容易變得混亂或徹頭徹尾受到挫折，這就像飛到巴黎卻不費心去預訂酒店或研究地圖，旅程可能有效──你將倖存下來──但預先整理細節，肯定會讓你在那裡的時間特別的平順。當你專注於 TDO 的大圖像目標及歷程更精緻的細節時，你對達成這些目標，會有更好的準備。

　　有時候，你可以幫助教師決定觀察前會談和觀察後回饋會談的地點和時間，並為觀察者準備材料，包括會談題綱和觀察表格。這些細節很容易因為他們面臨的日常職責而忽略，但是關注 TDO 流程的細節，主導教師和觀察者都會有所受益。

> **▶ 關鍵點**
> 在 TDO 歷程的規劃階段，你的支持是不可或缺的。

　　如果你的經歷與我們類似，那麼你就會知道，沒有明確的溝通，良好的規劃就只能到此為止。在下列這些問題的任何一端都是無趣的：「你希望我在哪裡？什麼時候？」透過確保他們發展並清楚地溝通規劃，幫助教師避免讓他們的觀察者處於沒有明確溝通和良好規劃的位置。雖然與 TDO 融入的其他技術相比，規劃技能可能看似簡單，但忽略細節仍可能會妨礙歷程的有效性。

示範推動

　　身為校長，你可以幫助主導教師成功地擔任推動者的角色。他們在觀察期間承擔了很多規劃和教學的責任，而他們對強而有力的推動負有相等的責任。在協作脈絡下最被忽視的技能之一是推動。教師往往關注會談的內容，因為他們需要就 x 做出決定，或討論 y，而忽略了達成推動這項目標的過程。

　　身為觀察前會談和觀察後回饋會談的主持人，主導教師負責維持對會談目標的關注，以及確保團隊實現這些目標的過程。他們使用的會談題綱

（無論是從本書中獲取，還是個別發展的），應該有助於觀察前後會談的過程。就像畫筆一樣，會談題綱能發揮多大的功效，端視其使用者而定。作為主持人，主導教師將努力確保他們的團隊遵守會談題綱，這意味著要安排計時人員（或自己記錄時間），以確保在分配的時間內達到會談目標。特別是在觀察後回饋會談中，當團隊在首次分享資料前，可能想要表達資料的涵義時，主持人必須提醒參與者會談題綱及運用題綱的理由。

這些任務通常說起來容易，做起來難。在已建立對話模式的團隊會談中，重新定向對話可能特別困難。然而，當教師參加一個有明確目標的會談，並且專注於他們的教學成就時，就更能好好地符應這些推動的需求。

從你投身教育的這些年以來，應該熟知在協作環境中，某些人的聲音比其他人更容易被聽到。身為校長，可以透過將其他不同的聲音帶入對話，或提醒具支配力的聲音要打開參與空間，來促進公平參與。透過看到你示範此技能，你的主導教師將學到並把它當作有效主持人的責任之一。

推動的技能對於團隊在觀察前會談和觀察後回饋會談中，提供的集體專業知識至為重要，每個參與者都要參加會談是有原因的：每個參與者都會帶來不同的經驗、專業知識和個性。如果每次的經驗都沒有運用的價值，那將是一種羞辱。簡單的工具就可以確保成功，例如：你可以透過使用「繞過合恩角」（round the horn）的會談題綱，鼓勵共享參與，大家圍成一個圓圈或一個小組，一個接一個輪流地說話，直到所有成員都表達意見為止。

教師投入主持人的角色，可以成為更有效的推動者。當他們獲得推動的經驗時，他們將透過重新定向對話或鼓勵公平參與，在角色所帶來的挑戰中獲得更大的自在，而你可以為他們創造機會來發展這種體驗。

採取推動者的角色需要改變思維。你可以藉由設定各種場合（包含TDO 之外）推動事務之期望，來幫助教師察覺引導年級或學科會議與推動 TDO 會談之間的差異。當學校的所有會議都有指定的推動者時，全體教師都會發展這些技能，並專注於達成多元的會議目標。當你使用 TDO

培養教師推動技能時，你將在所有協作工作中有所獲益。留意你的教師在學科會議和專業學習社群中協作所帶來的改變，你會注意到他們領導家長會議和個別化教育計畫會議的方式也會有所不同。建立推動技能是一項值得的投資。

> ► **關鍵點**
>
> 在 TDO 中，簡單的推動工具，有助於確保主導教師的成功。

投入以改善為導向的對話

教師習慣於與同事進行各種對話 —— 從週末計畫到最近的工作政策，再到那些要求最後一點耐心的學生。雖然這些對話，許多都涉及了他們在課堂上遇到的特殊困難，但是這些對話通常不會將注意力聚焦在改善上。為了讓 TDO 為你的學校提供有意義的學習機會，不同類型的教學和學習對話是需要的 —— 不僅僅只是討論確定需要，還要討論具體的改善方法。身為校長，你可以影響下列的關鍵要素，以便成功實現這些以改善為導向的對話：設定基調、離開讚美之地、查看資料、使用會談題綱，以及管理角色。

➢ 設定基調

身為校長，你要幫助教師為這些對話設定透明的基調。鼓勵主導教師開放和透明化他們的教學，將影響從 TDO 歷程中獲得價值的程度。如果教師沒有設定透明的基調，如何能合理地期望同事能夠分享有關他們的教學資料？以學習者的特質進入 TDO 的體驗，說明了教師不管在教室裡工作了 10 個月或 10 年，都能夠有改善和精進教學實務的地方。

為對話設定這種基調，主導教師扮演關鍵的角色。他可以透過提出有關自己實務上的難題，來使團體聚焦於改善教學：「在聽完資料之後，我想知道如何……？」同樣地，也可以向同事請求回饋和想法，強調他正在參與 TDO 的歷程，不僅要討論教學，而且要改進教學。

當你開始第一輪 TDO 時，請考慮與主導教師單獨會談，並幫助他們

了解透明度的重要性，你可以與他們一起審視焦點問題和資料蒐集的想法。如果你覺得他們之間有人在躊躇，想要將 TDO 當作自我提升以外的其他用途，比如自我推銷，或者只想簡單地通過觀察，你作為觀察者，可以提供回饋，幫助他們設定更加透明的基調。

觀察者也可以為透明的基調和教學的改善做出貢獻，他們可以從資料中提取有價值的問題、想法和結論。即使是一位觀察者，對所蒐集資料進行認真思考的意願和能力，也將有助於體驗集體的價值。只要有一個實質性問題，就可能是促進整個團體思考的原動力。你可以考慮使用教師會議時間，來加強觀察者的角色，或者甚至在第一輪觀察的前一天，發送電子郵件或教師備忘錄，提醒觀察者需要協助設定正確的基調。

➤ 離開讚美之地

為聚焦在改善的過程，設定正確的基調極為重要。在關於教學和學習的現有對話樣態中，教師傾向於相互肯定而非分析實務。但如果真的要改善課堂上的教學，就必須超越自在的對話。例如說：「你實在做得非常好。」這是令人鼓舞的，但對教學改變卻少有幫助。讚美之地可能令人喜悅，但並沒有培養有意義的學習機會。可以鼓勵教師在教師會議中練習，從而走出讚美之地。示範這種轉變，並不意味著他們應該放棄尊重，相反地，這意指他們應該提供觀點，以及具體的見解，即使這些都超出了他們的舒適區。

事實上，TDO 的正確基調是講究尊重的。畢竟，TDO 就是教師幫助其他教師解決重要的教學問題。然而，語氣是以改善為導向的，為了改善，教師需要詳細的資料和多種觀點來解釋這些資料，並且實施新的教學方法。

> ➤ 關鍵點
>
> 如果教師要改善課堂上的教學，他們需要進行超越讓人感到自在的對話。身為校長，需要設定透明的基調，並讓這些對話聚焦在教學改善上。

➤ 查看資料

如果教師想要產生預期的結果，那麼以改善為導向的對話就會運作得很好。例如：如果你在教師會議期間分享教學資料，但從未討論其對教

學改善的意涵，那麼這個過程就不太可能產生你想尋求的教學見解。你必須幫助學校的教師學會經常詢問「所以呢？」然後，更重要的是「現在要做些什麼？」另一方面，必須鼓勵取得平衡，如果教師在集體分享資料之前，就理解資料或解釋資料，則會產生類似這樣的風險：接受觀察的教師可能無法根據未見過的資料來運用所聽到的評論，這也可能使得過程有被評價的感受，而抑制了專業學習的開放性。

不要害怕說出這種平衡，以及未能追求這種平衡會有的內在風險。我們看過了很多教師讚賞校長能體認集體分析教學資料的潛在價值和內在風險，並幫助主導教師在實施一輪 TDO 後導出結論。

➤ 使用會談題綱

那麼，身為校長，如何幫助教師在僅是分享資料（從不爬上推論階梯）和直接得出資料結論（過快爬上推論階梯）之間找到中間地帶呢？換句話說，你是如何幫助他們有意向地爬上推論階梯，確保他們在從看到的資料中導出結論前，看過所有資料？答案是詳細地示範觀察後回饋會談的會談題綱。它是為了這個目的而發展出來的：引導資料意義化的過程，這對以改善為焦點的對話至為重要。會談題綱有助於教師有意向地爬上推論階梯，確保他們看到所有蒐集到的資料，並得出與教學相關的結論。

➤ 管理角色

以教師為主導的觀察對話，要求教師不僅要彼此坦誠相待，而且要在這個過程中保持謙虛。無論他們是接受觀察的教師還是觀察者，如果不謙虛，意見就不會被聽進去，也就是無論扮演什麼樣的角色，都要將自己定位為學習者。當團體中有一名成員離開學習者的角色，而設定自己為專家角色時，我們就會看到 TDO 很快地脫離軌道。其他參與者，無論是觀察者，還是接受觀察的教師，都會迅速退居二線，其專業知識和觀點將會從協作的脈絡中消失。如果學習只是簡單地讓專家告訴我們「該做什麼！」這麼容易的話，那麼在師資職前課程中我們就都學會了完善教學的藝術和科學。形容 TDO 是一種協作，理由之一是：從本質上來講，需要多種觀

點和見解。只有當所有參與者都以學習者的身分進來體驗時，才能突顯
TDO 的價值。

最後，在發展教師參與以改善為導向的對話，分析實務並確認更能
滿足學生學習需求的特定改變時，重要的是要記住這些對話是關於教學而
不是教師個人。不論是現任教師或曾經擔任教師，我們在課堂上都有不那
麼出色的時刻，我們都在學習這個過程（至少在好日子裡）。這不會使我
們不完美，它讓我們更具人性。如果我們專注於改善教學和學習，而不是
討論改善個人，我們將創造一個更自在的空間，來進行有意義、誠懇的對
話——這類對話是 TDO 的核心。

建立教學知識

想像一下，教師正在檢視課堂上的分組合作，特別的是，她想要蒐集
有關學生如何為小組思考做出貢獻的資料。她讓觀察者與學生小組坐在一
起，記錄學生們的對話，目的在檢視哪些學生參與，以及如何參與。有位
教師指出，當團隊在理解資料的意義時，有效的合作學習建立在積極的相
互依賴之上——團隊成員要有彼此一起完成任務的感覺。當團隊在觀察後
回饋會談討論這個概念時，這種教學知識豐富了他們的對話。該團隊透過
討論資料中存在哪些積極相互依賴的證據，以及主導教師如何在學生團體
中培養這種品質，來建立這種洞見。

教師知道作為觀察者，什麼事物會帶來影響。他們對教學策略及有效
實施的知識，提供了課堂上蒐集和分析資料的基礎。他們的知識可以幫助
發展相關的焦點問題，並幫助引導觀察者在課堂上的注意力。如果沒有這
些知識作為基礎，將如同在黑暗中射擊——無法確定該項策略是否可以促
進學生學習，雖然用心良苦，但他們的注意力和心力可能會被誤導。身為
校長，你具有獨特的優勢，建立全校以研究為導向的教學知識，來支持教
師參與 TDO。在過程中運用這些知識，可以讓教師更深入、更周全地運
用這些教學策略，而這樣做能夠最有效地滿足學生的學習需求。

　　身為校長，當你領導教師建立教學知識庫時，可以諮詢一些資源。我們在表 3.1 中提供了一些我們最愛的資源，但該列表只是可用的豐富資源的一小部分。除了書籍和印刷品或線上資源，可以選擇運用正式的專業發展時間和會議，來發展這個知識庫。在此過程中，可以選擇與學區行政人員協作。單是閱讀本書，你就走在正確的軌道上了。想要探索教學知識在課堂上的應用，有什麼方法比透過 TDO 更好呢？

　　在本章中，我們探討如何建立校內教師參與觀察前和觀察後會談的能力。可以透過研討會、書籍和其他資源，來提升教師的教學知識，從而有助於教師能將資料轉化為教學改善。儘管我們在本書第 1 章中批評了傳統的專業發展，但卻也看到了那些關於有效教學方法的研討會，對 TDO 提供了課堂改善實務上的幫助。TDO 將幫助教師充分利用這些訓練，在課堂上應用這些概念，並與同儕一起進行觀察。有效的教學知識，有助於進行強有力的觀察後回饋會談，以授課教師為主導的觀察提供了一個檢視內容、學生和教學交叉互動的論壇，換句話說，它讓知識在課堂上獲得應用。

常見的錯誤

　　雖然教師是 TDO 的領導者，但校長在支持他們的工作中，扮演關鍵的角色。正如我們在本章中所討論的那樣，校長可以透過各種方式建立 TDO 核心的技能，支持行政配套事宜和規劃，並培養以改善為導向、能讓 TDO 蓬勃發展的環境。我們在此處發現的錯誤，有助於校長進一步了解作為學校領導者在 TDO 中扮演的角色，確保有良好的整備，支持學校中的透明教師。

喧賓奪主

　　身為學校行政人員，你可能最適合擔任正式領導職位，而你學校的

教師可能期望，甚至等待你帶領，但這在 TDO 中可能特別有問題，因爲 TDO 將接受觀察的教師定位爲領導者。當行政人員掌握 TDO 的領導權並指導觀察的焦點時，將會扭曲目的：不再是以主導教師爲主的學習。雖然你在學校的 TDO 中扮演著有價值的角色，但必須意識到 TDO 的功能及對教師起的作用。你的角色是支持和建立他們的領導能力，以便教師能夠確定焦點，促進觀察前會談和觀察後回饋會談，並營造以改善爲導向的文化，這是 TDO 的核心。

忽視運用你的領導力

　　未能運用你校長的角色來支持 TDO 工作，幾乎與承擔過多領導角色一樣有問題。雖然你不是 TDO 的領導者，但你是校長的事實，使你處於一個獨特的位置，可以幫助教師建立能力和提升自在地成功實施的程度。你可以在示範有效推動、資料聚焦和以改善爲導向的對話，以及有意向地爬上推論階梯的過程中，扮演重要角色。這些要素並非只針對 TDO，事實上，在這些領域建立的教師能力，將有益於學校各方面的改善工作。在學校中，要將 TDO 融入專業學習文化，還有比將 TDO 技能融入所有教師會議和對話更好的方法嗎？如果你希望這些技能成爲學校文化的一部分，關鍵在於你必須率先帶頭進行示範。

把TDO說成是外加的任務

　　教師和校長都熟知創新措施像是旋轉門，新的來，舊的去，不幸地成爲這個專業的特徵。毫無疑問地，在這種環境下，TDO 可能會被誤解爲教師已經滿檔之外的另外一件工作。身爲校長，你可以在告知 TDO 時扮演關鍵的角色。透過闡明 TDO 是什麼及不是什麼，更重要的是，說明 TDO 如何協助教師進行已經在做的工作，你將能有效地讓教師參與這個過程。爲教師創造機會使用 TDO，更深入的探索現有計畫，或探討教學上有興趣的領域，嘗試將 TDO 納入這些領域，可以幫助教師了解 TDO

能夠幫助他們更好地準備已經在做的事情，而且可以做得更好。

結語

就像教學本身一樣，TDO 需要對過程及強化實施過程的技能有技術上的理解。當你不僅僅是努力學習 TDO 的歷程，而且還建立學校有意義地參與其中的能力時，你的教師將從這個過程中獲得更多的價值。當你將 TDO 融入到學校的專業學習時，你將在團隊中創建技能，並使其有效。透過你的努力，對做法進行示範，將 TDO 與專業發展相結合、使用資料並運用協作，你將支持有效的 TDO，並建立教師在所有協作環境中參與有意義實作的能力。單單是這一個方面，就會對你的學校產生巨大影響，因為大部分教育都涉及協作的任務。當你在這個技能培養過程中，透過他們的規劃、推動，以及以改善為導向的對話來支持教師時，你自己的教學知識將會增加，而且將產生可以持續的結果。

下一章將用一所大型高中實施 TDO 的案例研究，讓 TDO 變得生動有趣。

> **➤ 關鍵點**
>
> 當你不僅努力投入學習 TDO 的過程，而且還建立學校有意義地參與此過程的能力時，你的教師將從過程中獲得更多的價值。

第 8 章
授課教師主導觀察的實際運作

幾乎要完成這本書了，你現在已經清楚了解授課教師主導的觀察（TDO）的基礎知識。至少，希望已清楚它作為專業發展工具的目的和潛力，從而引導你改善教學和學習。

在本章中，我們改變了軌道。在逐步介紹了 TDO 的歷程之後，我們將向你展示它在實務中的面貌。我們提供了一個案例研究，描述一所實施 TDO 第三年（在撰寫本書時）的綜合高中，教師在這所學校的經歷，可以詳細說明 TDO 的運作細節。

為了案例研究主題的需求，我們簡單的選擇了位於美國亞利桑那州錢德勒市的漢密爾頓高中（Hamilton High School in Chandler, Arizona）。漢密爾頓是一所頗具規模的高中，教師人數超過其他一些夥伴學校的學生。長期以來，綜合高中一直受到教師孤立和私人化專業文化的批評。因此，我們認為，如果漢密爾頓高中能夠成功地打破這種文化，並創造一個有意義的 TDO 歷程，那麼其他學校也可以！

再者，漢密爾頓高中還全校性地運作 TDO。我們在本書中提出的大部分模式，都設定 TDO 將從一位想要專業發展的個別教師開始。藉由一個一個地邀請她的同事，一位創始教師發動一場有機的運動，促成全校實施 TDO；對照之下，在漢密爾頓，校長發起 TDO，過程中得到了學科領導教師的支持。正如你可能想像的那樣，要想成功從上而下實施教師主導的專業發展，過程是很困難的。漢密爾頓用了恰到好處的基調。

　　我們（Trent 和 Emily，兩位作者）作為漢密爾頓高中實施 TDO 的專業發展人員和顧問，因此用「我們」來描述我們的參與。將我們的部分納入以下敘述，目的在闡明外部專業人員如何為 TDO 的實施增加價值。

　　在詳細描述了脈絡之後，我們將為你從規劃階段開始，介紹漢密爾頓高中的實施過程，一直到其實施 TDO 的第二年。我們向你展示了學校在教學文化及學生表現成長方面，所得到的一些令人興奮的成果。並透過漢密爾頓領導者的眼光前瞻未來，看看他們打算在州和學區推動的其他數十個計畫中，如何維持這項工作，來結束這一章。漢密爾頓的故事寫得並不完整，它目前仍在這趟旅程中。透過討論漢密爾頓未來的選擇和想法，我們希望你開始考慮你的學校未來是否實施 TDO。

　　如果你是本章的校長讀者，將很容易看到漢密爾頓使用的策略可以應用於自己的學校，也了解整個學校觀點的切入點，看看漢密爾頓的領導力是怎麼運作的。

　　如果你是教師，請留意教師在本案例研究中的經驗。即使你的學校沒有全校參與實施，仍可能面臨許多類似於本故事中教師的情況。畢竟，無論切入點如何，TDO 都會在教室裡展開，而你可以加以掌握。

學校

　　漢密爾頓高中位於亞利桑那州沙漠小鎮錢德勒市，是鳳凰城的一個龐大的郊區，位於仙人掌區和住宅開發區之間。校長 Fred DePrez 每天都穿著 Hamilton Huskies 運動夾克，他也常常與人分享漢密爾頓學生最新的學術和運動成績。漢密爾頓在嚴謹學術和強大體育運動中的聲譽，反映在建築物的牆壁和展示櫃中。體育和班級英雄人物的照片排列在走廊上，建築乾淨俐落的外觀反映了社區的驕傲。

　　漢密爾頓高中有超過 3,500 名學生，170 名以上的教學人員，即使是快速步行，在鐘聲起落的時間內，要從建築物的一端走到另一端也仍是個

挑戰。規模龐大的建築空間和數量，使得教師在教師會議或專業發展會議中，常常遇到新面孔。雖然學校的規模有助於其豐富的學術、課外活動以及成功，但也帶來了獨特的挑戰。

　　Fred 是一位有遠見的人，他在 2010 年決心將他的學校從傳統的美國高中，轉變為教師專業成長、團隊合作以及專注於教學和學習的天堂。Fred 也是一名腳踏實地的實踐者，他知道需要和他的團隊捲起袖子，並實施多年的漸進式改善計畫，以實現他的長期願景。本章將介紹他的團隊兩年來的成功經驗。

規劃

　　在 Fred 擔任漢密爾頓高中校長的 12 年中，並不缺乏教師專業發展。他意識到在高中應培養的不是更多的專業發展，而是更有效的專業發展，不應僅僅是聘請更具說服力的專家演講者，或更頻繁地推派教師參加研習。

　　Fred 指出，儘管有最好的意圖（包括自己在內），但目前和過去專業發展的努力都沒有像他希望的那樣深入到教室。例如：儘管所有教師都為了他們的班級進行了愈來愈嚴謹的培訓，但他們將這些培訓中所學的內容運用於教學實務上的比例卻非常低。他看到教師們在離開會議時，對所學到的知識充滿熱情，但第二天又回到了經常性的課堂實務中。

　　有鑒於此，在一次校長會議上，TDO 引起了他的注意。Fred 立即認識到該模式有三種途徑可以在漢密爾頓發揮作用。首先，他想到了 TDO 如何為他的教師提供一個平臺，將他們的學習從專業發展課程轉移到課堂中：透過 TDO，他們能夠從同事身上學習到如何嘗試和改良與學生有關的實務；其次，他希望透過 TDO，重振學校缺乏結構的專業學習社群實務；最後，在 TDO 中，他看到了讓教師在實踐中變得透明的機會，這將促進教師彼此之間進行關於教學的討論。

　　當 Fred 考慮實施時，他發現了在全校推廣 TDO 的挑戰。數十年的經驗讓他想起了明確溝通的重要性，特別是面對教師人數眾多的大型學校時，更是如此。他知道同儕觀察模式，即使像 TDO 這種非評鑑性的模式，也是教師的一個典範轉移。校內許多教師只是出於評鑑目的而接受觀察，因此 Fred 知道他必須謹慎行事，並闡明 TDO 與其他觀察之間的差異。為了發展第一年實施的明確計畫，並了解我們的工作對支持學區學校所做的努力，他請求我們協助改良和溝通他的計畫。他一開始的目標是建立漢密爾頓教師參與 TDO 的能力。

　　Fred 請我們來錢德勒，並與他的教師領導者和行政人員團隊會面。一個悶熱的八月天，我們和這個團隊詳細檢視了 TDO 的歷程，並改良漢密爾頓高中實施的計畫。在概述了 TDO 之後，我們運用角色扮演，對其所包含的內容提供一個可靠的例子。在這個角色扮演中，讓教師和行政人員完成了每個步驟——一次觀察前會談、一次觀察（透過影片）和一次觀察後回饋會談。此時，我們與負責引導這一歷程的教師領導者和行政人員齊聚一堂，並尋求他們對在漢密爾頓實施 TDO 的建議。

　　從一開始，團隊就確定了模式中可能的關鍵點，並預測了教師可能推遲的理由類型，他們希望這樣可以為與教職員溝通 TDO 做好準備。他們想知道，教師如何確認焦點問題？行政人員會參與 TDO 嗎？如果是的話，以什麼身分呢？還有哪些其他資源和支持可以幫助教師取得成功？這項早期會議，為漢密爾頓高中成功實施 TDO 奠定了基礎，因為這個教師領導團隊確定了具體需求，並提供了實施建議。

　　隨著該團隊的參與，出現了第一年的完整實施計畫，其中包括以下主要特點：

- **結構**：教師將組成四人跨學科的團隊參與 TDO，在現有的學科結構之外建立協作網絡。第一年，所有教師都參加一輪跨學科的 TDO。學校為所有教師提供一天的時間，讓團隊能夠完成第 1 節課的觀察前會談，

第 2 至 5 節課的觀察（團隊中每位教師的一次完整觀察），以及第 6 節
課的觀察後回饋會談。表 8.1 說明了實施時間表。

- **焦點**：所有教師最近都讀過《不要比你的學生更努力》這本書，[1] 以此作
  為發展焦點問題的起點。教師確定該書的某個引起他們改進教學興趣的
  領域，然後根據這個教師選擇的共同主題進行分組。

- **行政人員角色**：行政人員將擔任每個團體每輪觀察的觀察者，並強調他
  們非評鑑的角色。他們的出現將有助於教師在第一輪歷程中，獲得對結
  構的了解。

- **訓練**：教師領導者和行政人員認識到，要把 TDO 實施好，需要集中注
  意力和培訓，特別是對於他們這樣規模的學校而言，訊息很容易在溝通
  管道上受到誤解。所以，該團隊決定在下一學年整個年度，向全體教師
  提供三個 2 小時的專業發展課程（見圖 8.1），而這些課程的目的，在
  建立教師有意義地參與此一歷程所需的能力。

表 8.1　漢密爾頓高中教師主導觀察的實施時間表

第一節	7:25-8:21	觀察前會談（所有四位老師）
第二節	8:26-9:22	觀察 A 教師
第三節	9:27-10:23	觀察 B 教師
第四節	10:28-11:41	觀察 C 教師
第五節	12:17-1:13	觀察 D 教師
第六節	1:18-2:14	觀察後回饋會談（所有四位老師）

---

[1]　R. Jackson, *Never Work Harder Than Your Students* (Alexandria, VA: Association for Supervision and Curriculum Development, 2009).

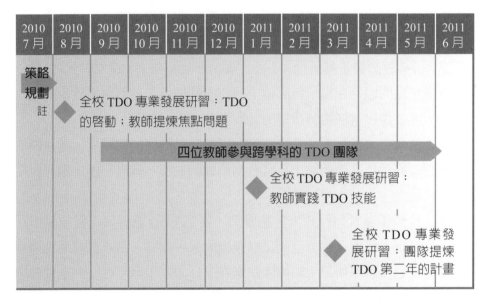

圖 8.1　第一年實施 TDO 的行事曆

註：教師領導團隊和行政人員與「教育方向」開會，討論 TDO 的歷程，確定關鍵點，並制定向教師同仁溝通傳達的計畫。

　　當漢密爾頓高中團隊發展計畫時，他們討論了今年的目標，體認到很多 TDO 的實踐對一些教師來說是反文化的，他們的教室裡很少有其他成年人。因此，團隊進入學年後只有單一個目標：讓所有教師參與一輪 TDO，以便在過程中建立自在感。他們知道這些做法需要時間來發展，但對開始實施感到興奮。

實施：第一年

　　開學後的幾個星期，全體教師聚集在自助餐廳參加 TDO 活動。當他們進入餐廳時，教師們小心翼翼地從桌子上拿起講義，想知道當天聚焦的內容是什麼。有些教師質疑會議的價值，會帶著閱讀材料和一堆學生作業進來。

　　接下來的幾個小時很充實。我們介紹了組成 TDO 的三部分歷程，解釋了它與評鑑不同之處，並進行了完整的角色扮演。在角色扮演的最後一部分，一群志願的教師參與了模擬的觀察後回饋會談。當同事看著他們坐在一個圍成圓圈的椅子裡，這些未經過 TDO 培訓的志願者，說明了任何教師都可以認真地參與這項工作。

　　許多教師報告說，這個魚缸會議是他們理解這個歷程的轉折點。情境的安排闡明了 TDO 的目的，特別是當教師聽取觀察者使用描述性語言來分享資料，而且接受觀察的教師讓資料變得具有意義時，更是如此。角色扮演結束，觀察者將所有蒐集到的資料交給了主導教師，教師們可以看到 TDO 是設計來讓被觀察的教師受益的。這無疑的是該歷程的目的。

　　在角色扮演之後，教師以小組形式一起合作，構建和改良他們的焦點問題。為達到此目的，我們仔細分配時間，以利在協作環境中運用彼此豐富的想法。作為外部的意見提供者，我們應用了在很多學校實施 TDO 所獲得的經驗，並帶來一些想法啟動教師思維。在一天結束時，大多數教師都準備好將焦點問題帶到 TDO。

　　一個月後，教師團隊在漢密爾頓高中開始了第一輪 TDO。教師在每輪觀察後完成對 TDO 歷程的評估，我們將其蒐集後與行政團隊分享。這些資料說明了參與 TDO 的教師對此一歷程感到自在，並為那些旁觀的教師揭開了神祕面紗。從這些早期的實施中產生的積極能量，促進了未來的成功。一位教師在第一次 TDO 運作之後，指出：「這是我所擁有最好的觀察經驗。可能是最有益的，同時也是最有趣的。」

　　在 1 月，所有教師──全部 170 人，再次聚集在一起。在早上的整個課程，教師們練習了 TDO 歷程各種重要的技能，例如：當他們觀看班級課堂影片時，會使用各種觀察方法；在分享資料時，磨練了他們的描述性語言。培訓課程的重點不僅是培養教師參與 TDO 的能力，行政團隊也將其當作蒐集回饋意見的論壇。教師以小組方式討論他們的回饋，然後以書面方式單獨提交，以便讓回饋可以很容易地在教師之間彙整。因為 TDO

的設計目的是使教師受益，所以必須聽取他們的觀點，以確保其過程能夠實現此一目標。

身為高中推動工作的支持者，我們檢視了回饋意見，並注意到教師提出的改善建議。在二個月後，3 月的最後一次培訓中，我們分享了回饋的摘要，並完成第二年的 TDO 計畫。該計畫包括以下調整：

- 跨學科的觀察結構，使教師能夠更專注於內容，以及分享特定內容的教學方法。
- 可選擇將團隊規模從四位改為三位，從而使教師能夠在半天內完成一輪觀察，並減少用到的課外時間。
- 重點關注在教師表示有興趣改善的四個特定教學領域：評量、學生分組、知識深度、學生的參與和投入。

在這次會議中向教師介紹這些想法時，我們讓他們參與了會談題綱的調整，他們提出溫暖和冷靜的回饋，來改進第二年的計畫（見圖 8.2）。雖然本次會議是發展第二年計畫的機會，但也是慶賀第一年圓滿成就的機會。為了突顯他們的進展，我們製作了一份投影片，展示了十幾位參與教師的學習情況。這份投影片強調了 TDO 的目的，以及其對漢密爾頓高中教學的影響（見圖 8.3）。

Fred 和他的團隊很高興。即使是第一年，還是可以看到 TDO 讓他們學校的專業發展有了不同。今年 3 月，會議的內容強調了兩個關鍵點：一是 TDO 是教師主導的，包括改善未來 TDO 的結構與計畫，二是聚焦在教學上的。

這個調整後（是「微調」）的會談題綱是一種有用的工具，可以容許各種聲音和觀點的分享，同時專注於特定的簡報或計畫。時間架構可能會有所不同，但建議嚴守每個部分規定的時間。

這個過程通常需要約 45 分鐘，而每個團隊都需要經過以下步驟。（團隊每位教師各 15 分鐘）

介紹

主持人簡要介紹會談題綱的目標、規範和議程。

簡報（2 分鐘）

簡報文稿由團隊分工完成，包括所呈現材料的背景、目的或目標，以及分享的樣本。在這個時間並不會提出任何問題。

澄清問題（2 分鐘）

回饋團隊的參與者有機會提出問題，以獲取簡報文稿中可能遺漏的訊息，如此有助於理解簡報文稿的背景。

溫暖的回饋（3 分鐘）

回饋團隊的參與者增強並呼籲關注他們認為特別優勢的層面，並以團隊分享的方式，體認到問題和議題。這並不是說「這是份好的簡報！」而是描述性的，幫助簡報者看到他們在簡報中可能沒有看到的價值。分享的團隊做筆記，但不必回應。

冷靜的（不是殘酷的）回饋（3 分鐘）

這是回饋團隊參與者提出問題的機會，可以提出讓他們好奇想知道、想要了解更多，或者感到困惑的問題。他們也可以分享他們認為值得探索的關注問題、提出爭議或其他想法。分享的團隊只做筆記，也不必回應。

最後的反思（5 分鐘）

這是分享團隊的成員互相對話的機會。回饋團隊傾聽但不必交流互動。

注意：更多相關的訊息，請瀏覽全國學校改革教師網站，http:www.nsrfharmony. org/。

圖 8.2　調整後的會談題綱

> **ed** 教學的快照
>
> - 我將密切注意我如何，以及向誰重新定向我的問題。
> - 我打算建立一些類型的制度，幫助我在課堂中注意每位學生。
> - 我想要嘗試讓學生在與班上同學分享之前，比較每位學生初步暖身的答案。
> - 我能夠看到非語言提示最能影響學生自我校正。我將限制語言提示的使用，並納入更多的示範和非語言提示，以喚起學生自我校正行為。
> - 雖然我的學生正在進行為期兩天的專題，但是我應該提前幾分鐘結束並進行某種活動，以鞏固他們所學習的概念。
> - 我想得到一些小白板，並開始使用它們來檢視學生的理解。
> - 我覺得我在課堂上實施的策略是品質勝過數量，因此將確保實際坐在座位上的時間是學習過程中最有價值的部分。家庭作業除非是有意義的，否則不會指派。
> - 我會要更多學生回答單一問題，而不是讓一位學生回答整個問題。
> - 我將致力於運用 Bloom 分類法的不同層次，來撰寫更好的問題。
> - 我要讓學生養成「知道自己會被點到回答問題」的期望。
> - 我計畫將一些學生的問題重新導向到課程剩餘時間，以增加學生之間的對話，增加對概念的理解。
> - 我計畫在學生分組學習時，分配特定的工作或任務，以增加績效。

圖 8.3 教學的快照

資料來源：「教育方向」；教育改革中心。

　　當第一年的實施結束，教師準備放暑假，行政團隊坐在主辦公室的桌子旁，仔細研究在漢密爾頓高中實施 TDO 蒐集到的評估資料。Fred 在資料中注意到教師們已經自在地打開教室大門，還看到他們認為 TDO 是促進有效教學的過程（見圖 8.4）。為了識別他們每年開始之初訂定的目標，該團隊將實施的第一年訂為學習年。

　　由於 Fred 和他的團隊在正式評估過程和隨意對話中，都反映了教師的評論，團隊認識到讓教師參與這個過程，是理解 TDO 最有意義的方式。很多教師指出了這一點：實作是真正理解 TDO 是什麼和不是什麼的最好方法。當教師們認識到 TDO 是一種非評鑑的實踐，並能夠反映他們確切的需求時，他們對此一歷程的價值感就會增加。

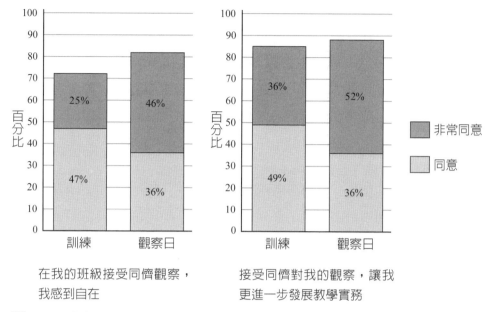

圖 **8.4**　漢密爾頓高中評估資料：第一年

　　教師也對有機會為此一歷程做出貢獻表達感謝，特別是在通知第二年實施時。這些機會——回饋的蒐集過程不是一種膚淺的練習，而是實際了解該歷程的機會——塑造了 TDO 的方向。由於教師直接影響了 TDO，因此該歷程最能滿足他們的需求。

　　隨著夏天的到來，Fred 的團隊知道他們還要為第二年做準備，還有很多工作要做。明年將有十幾位新教師加入，行政團隊提供了跨學科觀察，從理念轉移到實踐所需的資源和支持。儘管面臨挑戰，但感到樂觀的是，第二年將讓他們有機會能夠在第一年的教師基礎上獲得進一步的發展。

實施：第二年

　　當教師來到另一個學年的開始時，聚集在禮堂裡檢視 TDO 的歷程。對於少數新教師，本次會議向他們介紹了此一歷程。對於原來的教師而

言，培訓提供了思考焦點問題和相關教學資源的機會。教師們的期望很高：他們並不好奇今年的專業發展重點是什麼，而是想知道他們的學科將如何應用 TDO。第一年的經驗讓他們有信心再次參與此一歷程。根據上一年結束時確定的教學類別（評量、學生分組、知識深度、學生參與和投入），將教師分成小組，討論教學策略。當他們談論可能利用 TDO 探索這些策略在教室中的應用時，洋溢了興奮之情。這種積極的能量，與教師在學習 TDO 之前一年，教室充滿了焦慮，形成鮮明對比。只用了一年時間，他們的問題就從「這個新歷程對我來說會是什麼樣子？」轉變為「怎樣才能最好地利用這個歷程，來改善我在教室裡所做的事情？」

隨著 TDO 的全面發展，教師進入了他們的下一個觀察，擺脫了許多人在第一年中出現的緊張情緒，他們渴望有機會在課堂脈絡中討論教學和學生學習。他們知道期待什麼：同儕並不是來當評鑑者，而是來當共同分享改善課堂上教與學想法的同事。

在第二年，高中團隊透過簡單地讓所有教師參與一次 TDO 來符應他們的目標，讓教師對每學期實施一輪 TDO 歷程感到自在（見圖 8.5）。這為每位教師創造了兩個機會，並也說明了領導團隊第二年的目標：在建立 TDO 所需的能力與提升教師彈性自主之間取得平衡，提高教師的靈活性和自主性。

在第一學期的課程中，所有漢密爾頓高中的教師再次參與了跨學科的觀察。隨著第二學期的接近，出現了一個新的機會：行政人員為各學科提供了資源和自主權，以設計出最能滿足他們需求的 TDO。在志願者的領導下，各部門分配了專業發展的時間來規劃他們的觀察結構。

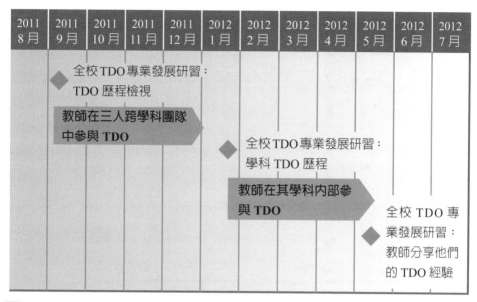

圖 8.5　第二年實施 TDO 的行事曆

　　第二年的這個轉變反映了 Fred 的目標，也就是將 TDO 的領導逐漸轉移到教師身上。他知道，這是確保TDO的實施不會人亡政息的最好方法。

　　放鬆結構使得新的創新程度得以實現，能夠使教師對前幾輪的 TDO 做更多的修正。Fred 和他的團隊指出，每個學科都採用了些微不同的方法──最能滿足其獨特需求的方式。例如：美術科創建了一個全學科的結構，其中所有成員在兩天內相互觀察；英語科透過年級分組團隊，以查看與各組學生特別相關的技能，以及他們對非小說文本的理解；數學科計畫使用部分觀察時段來探索學生的參與度。隨著各學科最終確定計畫，他們將這些提交給了行政部門，同時提出了代課要求。行政部門用支持作為回應──提供所申請的代課，並向各學科提供他們承諾的自主權。

　　幾個月後，隨著暑假的接近，我們將小組的教師聚集在一起，分享我們蒐集關於他們全校參與 TDO 經驗的資料（見圖 8.6），並探索今年的成功經驗，以建立未來的做法。令人欽佩的是，教師們在跨學科觀察中表

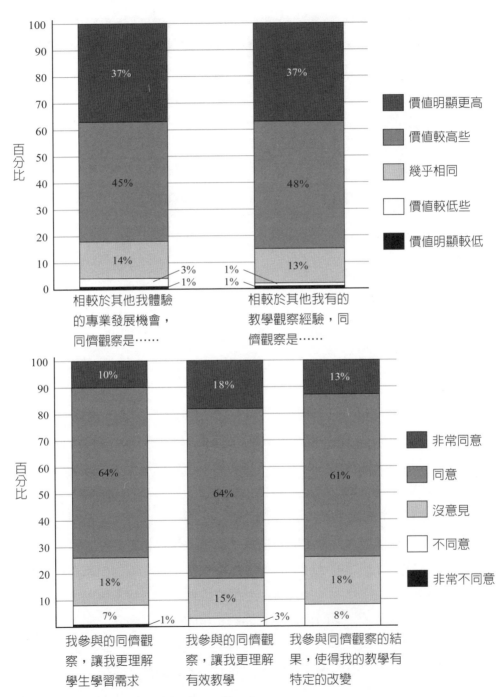

圖 8.6　漢密爾頓高中評估資料：第二年

達了學科觀察的價值。隨著結構的靈活性增加，他們的學習也增加了。然而，很多人提醒到，他們只在第一次用結構化的、全校性的模式來參與這項工作時就達到這一點。正如一位教師所說：「學習這項工作的方法，就是參與這項工作。在這兩年裡，我們真正來到一個地方，在這裡，我們了解到這個歷程真正幫助我們成為教師。」

　　教師討論了從參與 TDO 中汲取的教學經驗。一位音樂老師說 TDO 幫助他專注於增加學生在管弦樂隊的樂器演奏時間；一位英語老師分享了她在課堂上能夠更好地促進學生討論所做的改變。當教師描述他們的專業學習時，對話自然地演變為確認促成學習的因素。他們的評論強調了 TDO 的價值：

> 「我曾經認為專業發展是在課堂之外，但現在我知道，專業發展可以和同事一起融入課堂之中。」
>
> 「你總能閱讀到一些東西，但在課堂脈絡中探索，會更加強大。」
>
> 「老師想學習，這個歷程透過提供真實的學習機會達到了這一點。」

　　聽到這些評論，Fred 讚賞這種特定的專業發展風格的成功。他看到隨著給予教師時間、支持和自主地參與 TDO，這個歷程成了他們自己的歷程。雖然這個想法源自於他的願景，但是在第二年總結時發現，教師正逐漸增加對這個歷程的所有權。這種演變是因為他和他的團隊已經為教師提供實施 TDO 的結構，同時為他們提供了靈活性（透過學科觀察），以使 TDO 適應他們的特定需求。

　　夏天接近了，Fred 掛起了他的 Huskies 運動夾克。他坐在辦公室裡思考著他一路走來如何沒有坑洞和彎路。從一開始，他實施 TDO 的努力就挑戰了一些教師對課堂觀察的看法，觀察真的可以是非評鑑的嗎？這是第

一年的一個大問題，但到了第二年，有更重要的問題成為焦點。當然，像漢密爾頓這樣教師人數眾多的學校，安排時間的行政配套事宜需要更多資源的投入，而在某種程度上，Fred 很驚訝他和他的團隊都已經做到了。這是他們對教師承諾的誓約，他知道即使他們必須自己幫忙代課，也要實現這樣的誓約。實施兩年後，TDO 已經成為他學校經營的方式——一個蒐集和分析課堂資料，以改善教學和學習的實證過程。一位教師指出：「我們不是追求創造一個完美的課程，而是專注於孩子們所在的位置，以及如何最好地支持他們的學習。」

展望未來

如果漢密爾頓高中所做的是兩年的 TDO，那麼很容易在專案蓋上「成功」的戳記並闔上文件，但 TDO 經常不是就這樣結束。相反地，TDO 成為高中專業學習文化的主要內容，它鼓勵教師專注在教學和學習的合作和對話——此一因素增加了教師參與 TDO 歷程的價值。在 TDO 實施兩年後，超過 80% 的漢密爾頓高中教師報告說，與他們參與的其他專業發展和課堂觀察經驗相比，同儕觀察更有價值。同樣百分比的教師報告說，參加同儕觀察有助於理解有效教學。近四分之三的受訪者表示，此一歷程有助於他們了解學生的學習需求。圖 8.6 已摘述了這些資料。

在這一點上，Fred 的願景正逐步取得成果：透過 TDO，漢密爾頓的專業文化正在發生變化，最重要的是，TDO 正在為教室的教學改變做出貢獻。近四分之三的教師報告說，由於他們的參與，使教學有具體的改變，包括提高學生參與度、培養學生的批判思考能力，以及把班級經營得更好。顯然，這種專業發展對課堂產生了重要影響。

團隊對漢密爾頓專業文化和教學轉變的熱情，與他們對改善學生學習的熱忱是相同的。2012 年，漢密爾頓高中獲得了亞利桑那州綜合高中進步最多的成績。圖 8.7 說明了學生學習進步的證據，該圖顯示了在常模參

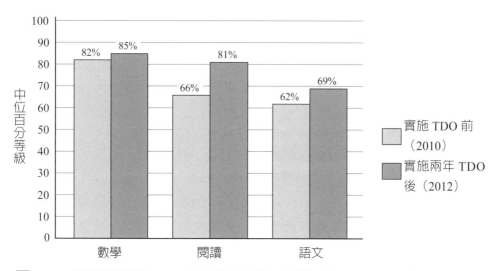

圖 8.7　經過實施兩年 TDO 後的漢密爾頓高中學生成績

資料來源：亞利桑那州教育廳，學校報告卡：http://www.ade.az.gov/srcs/find_school.asp

照的史丹福成就測驗第十版（Stanford 10, SAT-10）中，所有測驗領域均有實質性的進步。

　　Fred 和他的團隊理解到，TDO 是一種讓教師互相幫助以成爲更好教學者的方法。在這本書出版時，漢密爾頓已經完成了兩年的 TDO 並計畫進行第三年。漢密爾頓的教師並不認爲 TDO 是一個獨立的歷程。因此，他們計畫在各個重點領域使用 TDO。

　　首先，他們讚賞讓各學科自由決定如何在課堂上最好地利用 TDO 的好處。他們也預見充分地放鬆結構，個別教師可以獨立於任何學科或學校層面的引導，建立自己的焦點領域。根據新的亞利桑那州教師評鑑模式的觀點，Fred 的團隊計畫使用 TDO 來支持這項州計畫的實施，以便教師可以實踐和精進評鑑模式中包含的教學要素。Marzano 的「藝術和科學教學架構」這項新工具，包括有兩個領域與 TDO 直接相關：教學反思、同儕

性及專業主義。[2]若不是透過TDO參與課堂融入協作式探究，教師有什麼更好的方式參與「評估特定教學策略和行為的有效性」（要素52）或「促進與同儕的積極互動」（要素55）？將TDO融入Mazano工具，將爲漢密爾頓高中教師提供符合模式目標的眞實過程，並說明TDO如何支持現有的和新的計畫。

　　當然Fred和他的團隊都知道教育領域不斷在發展：變化總是會常常到來。然而，他們相信，授課教師主導的觀察已經成爲漢密爾頓高中專業學習的一貫歷程。透過TDO，教師成爲透明的教師，在這樣做的過程中，他們透過探索教學和學生的學習，來掌控學生的學習，因爲他們已經從內部打開教室大門。

2　R. J. Marzano, T. Frontier, and D. Livingston, *Effective Supervision: Supporting the Art and Science of Teaching* (Alexandria, VA: Association for Supervision and Curriculum Development, 2011).

後記
專業學習社群與授課教師主導的觀察

　　擔任四年級的教師，Tina 很感激週末時有機會離開她在教室前面的日常崗位，到教育研討會上變成一名學生。她選擇教書，是因為她對協助學生學習懷抱著熱情。事實上，在她的學校中，協助學生學習就是專業學習社群（PLC）的目標。當她和同事每週一次會面時，Tina 很喜歡他們共有的對話。對話主題從一般性的閒聊，到他們想要讓學生在教學單元中學到些什麼。Tina 的 PLC 成員經常討論如何監控學生是否真正在學習他們安排的那些事物，他們一起腦力激盪，產出一些大家可以在教室中使用的策略，她希望這個研討會能提供她可以帶回社群的新材料。

　　當週六早上第一節課開始時，Tina 找到一個前排座位，並將筆記本放在咖啡旁。她看到主持人自信地進入教室，並介紹主題：「透明的教師」，這對她而言是新鮮，但言之有理的。與熟悉的概念，像是合作、觀察，以及學習承諾等交織在一起，Tina 覺得 TDO 包含的要素，在她的 PLC 中都已經運作得很好。

　　當主持人描述 TDO 的歷程時，Tina 理解到 TDO 有助她的團隊有效地蒐集與分析資料，讓他們知悉並改進教學。她的團隊已經善於把關注焦點放在學生學習內容以及學習成效之上，但如果學生不能學習或者如果學生已經學會了他們要教的教材，他們經常無法集中焦點討論應該怎麼做。更甚者，他們沒有彼此檢核，看看他們規劃的介入方案如何運作，或者某位教師的成功是否可以為其他教師的教學做法提供某些訊息。當然，她的

團隊成員不曾看過彼此的教學。

Tina 匆匆記下 TDO 對她的團隊可能有的若干功用。他們有用來集會的共備時間，這個時間他們可以用來進行觀察前會談。他們之間已經建立了信任關係，所以可以很順利地進入彼此的教室並蒐集資料。因為他們教導相同的學生以及相同的班級，Tina 的團隊是一個本來就有的專家團體。

研討會結束，Tina 對於採用 TDO 充滿興奮之情，雖然她的團隊經常談論在教學中可以做的事情，但是他們從來不曾真正地走進彼此的教室大門。透過使用 TDO，他們可以變成透明的教師，學習對他們的學生而言重要的事。

對教師而言，合作並不是什麼新鮮事，也不是對提升學生學習的一種承諾。在教育領域擔任專業顧問，我們幾乎每天都和那些為學生投注時間以期有所作為的教師、校長以及行政人員等互動，我們很榮幸能夠看到這些。我們注意到，在學校裡，教師們努力教學之際，經常透過 PLC 聚在一起，提升自己的學習。你也許已經是校內 PLC 的成員之一，或者你也許曾聽過其他學校的 PLC。

我們經常被問到，TDO 如何與 PLC 的運作相關聯。因為 PLC 已經形成並被用以處理相當多樣的事務，基於本篇後記討論的目的，我們想要簡要地定義常見的 PLC。如此，即使你沒有參加 PLC，或者你的 PLC 似乎有點不一樣，但當描述 TDO-PLC 的關聯時，我們可以有一個共同的理解作為出發點。

在學校中，PLC 的成員採取行動致力改進他們的學習，以協助學生達到更好的學習成果。PLC 相信，教師可以從融入於其教室的持續學習中獲益。透過合作與共同探究，PLC 團隊通常彼此互相依賴、一起努力，詢問與回答有關於學生目前所學，以及教師應該做些什麼來支持學生學習等重要問題。我們的經驗顯示，對教師而言，聚焦在學生正在做些什麼（或者應該做些什麼）是一件容易的事。比較有挑戰性的是，去碰觸以及討論教師自己正在做些什麼（或者應該做些什麼）。

那就是 TDO 可以融入之處。我們很榮幸與一群群對使用這種觀察感到興趣的熱情教師一起合作。他們看到 TDO 和 PLC 之間的共同性，並且經常詢問我們其間的關係。這是一個好問題，因為答案是多方面的，在本篇後記接下來的部分，我們提出四種常見場景，這四種場景定義了 TDO 和 PLC（如果存在的話）的關係，很有可能這些場景之一就說到了你自己的情況：

- TDO 可以如何幫助我們提升 PLC 的運作？
- 如果我們已經有運作良好的 PLC，我們應該在 PLC 中做一輪 TDO，或者我們應該為 TDO 形成不一樣的群組嗎？
- 如果我們的 PLC 運作並不良好，TDO 可以幫助我們改進 PLC 的運作嗎？
- 如果我們沒有 PLC，我們應該為了連結 TDO，或者為了作為實施 TDO 的先備條件，而建立 PLC 嗎？

場景1：TDO可以如何幫助我們提升PLC的運作？

在這一點上，運作良好的 PLC 團隊想要實施 TDO 以提升他們的運作。TDO 特別可以幫助團隊蒐集教師可以做些什麼，來幫助尚未學會的學生的相關資料。不同於在共備會議中簡單地討論相關問題，PLC 團隊可以使用 TDO 來蒐集資料。手邊擁有來自於自己教室的資料，將幫助教師發現學生是否正在學習，或者他們是否已經學會該教材。基於那些資訊，他們可以產出特定的策略，以因應學生的需要。

如果你的 PLC 變得有點停滯低迷，也許花費較多時間在閒聊，多過於熱切的教學取向對話，TDO 可以重新激發你的社群。新的歷程與新的資料將驅動新的看法。如果你的 PLC 尚未進行同儕觀察（很多 PLC 尚未進行），TDO 可以帶來很大的改變。進入彼此的教室，打開了透明性，

教師將對實際發生了些什麼，以及教學運作情形是否良好等，有具體的了解。透過 TDO 的脈絡，PLC 的對話效率和結果等方面都會更上一層樓。

場景2：如果我們已經有運作良好的PLC，我們應該在PLC中做一輪TDO，或者我們應該為TDO形成不一樣的群組嗎？

對這個問題的簡要回答是：看狀況。讓我們看看兩種可能性的利與弊。

如果維持現在的 PLC 群組，你可以在已經建立的規範，以及已經累積的信任水準上來建立 TDO。這是一個很大的優點，它減免了許多新群體必須去做的初期跑腿工作。然而，就觀察而言，這種熟悉性有兩種可能：有時候，與你在意他對你留下深刻印象的人相比，和你不認識的人在一塊，你更容易受傷；有時候，情況正好相反。設想一下：雜貨店的陌生人對你行頭的想法，還是你母親對你行頭的想法，你比較會關注何者？

決定在你已成立的 PLC 群組之外成立新群組也會帶來優點。儘管你必須與該群組建立某種程度的信任關係，你必須在整個學校裡建立更多的連結，但是這可以產生互動，創造更多想法、更多學習，以及更多成長。而且試想，形成另一個群組，也許能拓展你可以達成的寬度。換言之，如果你與你的 PLC 群組已曾獲得美好的事物，爲何不和你的 TDO 群組一起來做些不同的事？其後，你可以從同時成爲這兩種群組的一員而獲益。

場景3：如果我們的PLC運作並不良好，TDO可以幫助我們改進PLC的運作嗎？

這個場景假設你有一個 PLC，但它現在的樣態不如你期望的那樣有效率。PLC 本質上總是有其潛能，而 TDO 可能就是你的社群需要採取的

行動。

　　這個答案一部分要看你的 PLC 無法良好運作的因素為何而定。PLC 的重要特徵：合作、共同探究，以及行動導向，是 TDO 最能幫助你的 PLC 團隊的三個地方。如果你們對於合作仍有困難，TDO 藉由將學習的責任加諸在要解決問題的教師身上，來把注意力集中在學習上。擁有學習者的特質，對有效的 TDO 和 PLC 都很重要，TDO 特別能將每一位教師置於他或她自己學習的駕駛座上。

　　如果你的團隊對共同探究仍有困難，TDO 就是運用每一位團隊成員來協助進行探究。每一個人都有一個角色，所以 TDO 歷程真正地變成一個集體企業。當 PLC 團隊因為教師不願意在教室中嘗試新事物而不能進行試驗時，TDO 打開了創造透明性的大門。你可以打賭，當同事們都在看的時候，那些停滯低迷的教師將開始採取新的策略。透過 TDO，積極試驗的原動力將會激發所有參與者，而且你要猜的，可能只是 TDO 將造成什麼改變。

場景4：如果我們沒有PLC，我們應該為了連結TDO，或者為了作為實施TDO的先備條件，而建立PLC嗎？

　　再次的，答案是兩種方式都可以。PLC，特別是那些運作良好的，可以作為實施 TDO 很好的工具。PLC 的著作會教導結構與會談題綱，我們在本書中不必呈現，但你可以在你的 TDO 歷程中使用 PLC 的結構與會談題綱。在某種層面上，是的，PLC 結構真的可以推進 TDO 的運作。

　　所以，PLC 是邁向 TDO 必要的途徑嗎？不必然。PLC 的精神是使用共備時間來改進教與學，但學校也許無法為你們建立共備時間。好消息是 TDO 在每一所學校、每一次被使用時都能運作，它不要求共備時間、相同的學生，甚或相似的教學年級。如同你在本書所見，TDO 團隊可以同時納入新任的以及資深的教師，以及納入來自不同學科領域的教師，從而

獲得益處。TDO 是基於在改進學習上大家有共同的焦點而結合團隊。因此，經常依循 TDO 歷程的團隊，在精神上將會是 PLC 的，即使他們並未依循該歷程的每一個要素。

結語

　　授課教師主導的觀察可以是 PLC 運作合乎邏輯的下一步。如同PLC，TDO 包含合作、共同探究，以及承諾在教室內進行工作融入式的學習。TDO 是行動導向的，並且致力於改進學習，藉由提供特定的策略與方法，使教師負起責任，並將專業學習定位其教室中，TDO 能促使PLC 團隊制訂出焦點問題以及蒐集資料。在本書中，你已經看到，它如何創造可靠的結構，來指引觀察者扮演其角色，它將主導教師置於自己學習的駕駛座上。而且，在一個對使用者友善、結果導向的歷程中，它將批判性探究與合作交織在一起。它可以在 PLC 的群組中運作，或者在其他合作性團隊結構中有效地運作。

　　當你在學校負責並實施授課教師主導的觀察時，我們祝福你與你的團隊，以及你教室內的教學活動都能獲得成功。

章節摘述與研究問題

第一章　專業學習取向的授課教師主導觀察

　　研討會及餐廳中的一次性研習，很難與課堂教學的日常現實聯繫起來，傳統的專業發展往往缺乏預期的結果。專業發展在傳統的學校裡被設計成是交付成果，但每個學區、學校及教室都有自己明確定義的特色。舉例來說，師生互動是動態的，會隨著時間改變且因人而異。為了因應這個即時行動，專業發展需要提供相應的客製化且適合的解決方案，但對於傳統的專業發展方式來說，這個要求通常太高了。

　　TDO 使教師能夠掌握並負責他們的專業學習，製造了一個討論的機會，讓教師彼此能夠連結，也使他們能夠審視課堂上所發生的事情。TDO 使教師能夠從自己教室的動態教學狀況中，提取相關資訊。透過打開教室大門，透明化自己的教學，將專業發展應用在課堂中，並與學生、教師一起參與其直接相關的學習。TDO 不僅超越了傳統的專業發展方式，還為實踐和改進創造了空間，推動了有意義的教學改進。

問題：

1. 你在專業發展方面的經驗是什麼？請描述影響你最深的課堂狀況。
2. 在你過去所參與的專業發展研習中，是否有未能應用且滿足你課堂所需的情形？如果由你負責的話，你會怎麼重組它呢？
3. 什麼類型的專業發展與你最相關？你對哪些主題感興趣？哪些主題可以增強你獨特的教學風格？請舉例。
4. 你如何描述學校的專業文化？你的學校在哪些方面已經為 TDO 歷程做好準備？如果你和同事實施 TDO，你需要做哪些準備？
5. 對你來說，成為一位完全透明的教師意味著什麼？你認為透過哪些方

式，可以爲你的教學實務帶來持久的改變，並把專業發展從研習中轉移到你的課堂中？

第二章　授課教師主導觀察的準備

在 TDO 的結構中，你有充分的機會負責並根據你課堂的特殊需求量身訂製。TDO 意味著你是由教室內部而非外部打開教室大門。這種根本性的轉變使被觀察的教師能夠確立其觀察之目的。這個觀察是爲了教學改進而蒐集資料，不是拿來問責或是評鑑，它立基於形成性的，而非總結性的資訊。

TDO 不是爲了得出關於教師教學質量的結論而設計；相反的，它專注於蒐集可操作的、即時的課堂資料，使教師能夠進行教學改進。它將專業學習置於課堂中，使用抄錄、計算和追蹤等方法，觀察者蒐集主導教師所要求的資料。任何觀察者，不論是菜鳥或資深教師，眞誠地幫助主導教師尋求問題解答，都可以爲此觀察增加有意義的價值。透過三個步驟——觀察前會談、觀察、觀察後回饋會談——主導教師、觀察者和行政人員各司其職，使教師能夠做得更好。TDO 不是附加或獨立的做法，它融入於教師的工作中。

問題：

1. TDO 在其目的和過程上與學校其他類型的觀察有何不同？你可以根據 TDO 是什麼、不是什麼，來構建你對這個問題的答案。
2. 教師從內部打開課堂大門意味著什麼？爲什麼這個比喻對於理解 TDO 的目的來說，如此重要？
3. TDO 是以什麼方式讓所有教師都有資格作爲觀察者，並參與 TDO 的觀察？
4. 當你是 TDO 歷程中的觀察者時，你能用什麼樣的思維方式，來發揮作

為資料蒐集者的最大效用？

5. 你認為為什麼作者如此強調資料蒐集？在討論這個問題時，可以考慮基於資料的觀察與基於評鑑的觀察，兩者的結果有何不同？

第三章　觀察前會談

成功的 TDO 開始於觀察前會談。擔任主導教師，藉由決定一個你仍感困擾的，或者你想要知道更多的長期存在的問題，來負責準備此一會談。這個問題將成為發展焦點問題的基礎，焦點問題將幫助你審視你的教學與學生學習之間的關聯。你的焦點問題應該同時揭示與驅動整個觀察歷程。根據你的焦點，為觀察者選擇要用的特定資料蒐集方法。最常見的方法是計算、追蹤與抄錄，但可以調整它們以適應你的特殊情境。

在決定誰來蒐集資料時，你的焦點問題也扮演重要角色。可以徵求各種經驗程度以及觀點的觀察者，以協助你看見教室中或者資料中的事物，而這些事物是你自己不會覺察的。或者，可以邀請與自己有相似背景的觀察者，以期幫助你更深入地審視細節。擔任主導教師，你也必須負責處理觀察以及觀察前／觀察後回饋會談涉及的行政配套事宜。

在不公開教學的世界中，打開教室大門不僅止於要求其他教師在你教導學生時坐在教室裡，它還包含更多事項。成功需要思考與準備，在你教課而同儕進行觀察並蒐集資料之前，必須盡早就開始這些思考與準備歷程。創造你教室內的專業發展，觀察前會談乃是第一步。

問題：

1. 想想自己的教室，對於如何能改進學生學習，提出一些你的問題。這些問題中的哪一個現在似乎對你最為迫切？你會需要蒐集哪一種資料，以期回答這個問題？

2. 可以借助哪些可能的資料蒐集方法來回答你的焦點問題？藉由確定哪些

方法對你的焦點問題最爲適用，來排列清單的優先順序。如果你感到困惑，想一想計算、追蹤以及抄錄可以如何蒐集資料，來回答你的焦點問題。

3. 當你準備引導有效的觀察前會談時，有哪些常見錯誤，你應該放在心中？你可以討論本章末尾的建議，或者依據經驗，提出你自己應注意的常見錯誤。

4. 將 TDO 處理成如同「模範教室」般的觀察歷程，會如何妨礙你獲得所需的資料，無法對你的焦點問題產出答案？

第四章　觀察

　　當我們打開大門，並邀請同事進來蒐集資料時，我們以關聯取代孤立，並且負起自己專業發展的責任。在教學時，我們沒有額外的眼睛來審視教室中正在發生什麼事情。我們忙於建立連結、提問問題以及教導內容，所以無法有意識地注意有多少學生發問問題，或者我們在教室中的移動如何影響學生的參與。幸運的是，同事可以在我們的教室中，用他們的眼睛、耳朵和經驗爲我們工作。當他們踏進教室進行觀察，他們能蒐集到顯示學生當下正在發生些什麼事情的資料，我們將從中獲益。

　　觀察者使用抄錄、計算以及追蹤等方法，從教師與學生之處來蒐集資料。在抄錄法中，觀察者抄錄學生之間以及學生與教師之間的互動；計算法蒐集的資料顯示出教室時間的分配、專注於學習任務學生的百分比，或者教師提問的問題出自 Bloom 分類法每一個層級的數目；追蹤的資料蒐集方法說明了在課堂期間，學生以及教師移動、非口語提示，以及眼神接觸等的樣態。同時進行觀察時，幾位觀察者可以使用這些方法的每一種來蒐集資料，以創造出教室活動的多向度意象。觀察者必須記得只將焦點放在資料蒐集上，而非提出結論。

　　教室中發生的事情有力地說明學生、教師與內容的交集。當我們站在

彼此的教室中，可以看到教學核心的這三個要素如何彼此交互作用，以及這些交互作用如何影響教與學。

問題：

1. 想像你是主導教師，有觀察者在你的教室中，你可以做些什麼來降低焦慮？可以怎樣讓觀察者安心？

2. 有觀察者在教室中，你可以做哪些事情，讓學生有所準備？你用來向學生解釋教室觀察的方式，如何影響你的觀察者資料蒐集的品質？

3. 在什麼環境下，你會考慮要求觀察者在 TDO 觀察中與學生互動？

4. 擔任觀察者，你會做些什麼，來降低主導教師因為你出現在他教室中而可能會感到的焦慮？對資料賦予意義，而非僅僅蒐集資料，對觀察結果會有怎樣的影響？

第五章　觀察後回饋會談

　　觀察後回饋會談提供觀察者與主導教師一個會談架構，協力產生新的洞見。討論資料是回饋會談的一部分，TDO 的目標在於闡明和引導改善教與學──尤其是聚焦在主導教師的焦點問題。欲達到此目的，主導教師負責引導會談將是關鍵，因為回饋會談不僅是討論所蒐集的資料，也是進入後續步驟的關鍵。

　　當觀察者以簡明扼要的描述性方式，分享其蒐集到的資料時，會談題綱即已展開。其後被觀察的教師公開反省如何將資料與其關注領域做連結，以發展和釐清焦點問題的癥結。當觀察團隊討論如何將資料用來指引未來的教學時，就來到結論階段。在此階段，他們也將描述未來關注的焦點領域或教學採行的新策略。每個環節──分享資料、教師反省及後續步驟等，都須分配時間，加以討論。

　　成功的回饋會談是整個 TDO 運作過程的成敗關鍵，因為它記錄了專

業成長與學習，而想要確保回饋會談的有效性，可以嚴守會談題綱的程序、善用時間，以及聚焦在所蒐集的資料上。

問題：

1. 你認為作者何以特別關注會談題綱的使用？如何使用會談題綱：(1) 在你的學校中成功運作 TDO；(2) 在學校中改善其他須協力合作的活動？

2. 你認為何以時間的分配對於觀察後回饋會談如此重要？忽視會談題綱所安排的程序步驟和時間分配，對於 TDO 的成效會造成何種不利的結果？

3. 當在思考回饋會談題綱時，哪個部分的會談對你而言最具挑戰性？在實施前，你是否能窺知哪個部分對你和團隊夥伴而言最為困難？在你的學校中，你將如何準備，以邁向高水準的會談？

4. 身為 TDO 的觀察者，你有哪些偏好？尤其在回饋會談時，這些偏好將會為你所擔任的角色帶來什麼問題？能否想出策略，將偏好排除在會談之外？

5. 在「讚美之地」，每個人都會選擇停留在安全的園地，避免批判他人，因此如何將你的洞察力放在教與學之活動實踐上，而非參與的人身上，以協助你遠離「讚美之地」？

第六章　處理行政配套事宜

　　本章強調 TDO 運作過程的三個切入點：個人、團隊及全校模式。每個切入點都有其獨特的價值。對個人而言，肩負自我的專業學習，應選擇並決定最契合個人處境的模式作為切入點。

　　個人模式的切入點是指單一教師會同其他教師參與觀察，主導教師將負最大的責任，也同時享有最高的自主權。時間的掌控與從觀察中所獲致的學習，都植基在教師個人的興趣上。另外可資選擇的切入點與運作

TDO 的模式是團隊模式，此種模式可以讓教師在一段時間內重新檢視學生需求，或在一學年內實施數輪的觀察。緊密的團隊成員，使得教師能深究某一個教與學的主題，並從中汲取效益。團隊可以自學科、年級、專業社群，或甚至共進午餐的教師群體中組成。

　　當教師間形成共享與開放的校園教學氛圍時，行政人員即可選擇全校模式作為 TDO 的切入點。全校模式是團隊模式的擴展，在於包含數個實施 TDO 的教師團隊，和數週或數個月的進行時程。全校模式創發的集體動能，打破了許多校園中常見的專業孤立現象。TDO 無須耗費太多的資源挹注，主要在於它能尋求方法，以撙節時間（善用共備時間、課前和課後時間及午餐時間）、人員（援用行政人員、教育支援教師及代課教師）及經費（尋求專業發展補助款與共用代課教師）等資源。

問題：

1. 考慮目前自己學校的情況，哪一種切入點最適合你？你如何將此種切入策略與擬邀請的同事做溝通，以促進其參與的動力？
2. 以個人模式實施 TDO，你將預見何種優勢與挑戰？團隊模式的優勢與挑戰又如何？
3. 當你的學校成功地運作全校的觀察方案時，你認為何種策略特別有用？而這些策略是如何有效地順利推展全校的 TDO 方案？
4. 就資源而言，當你的學校正實施 TDO 時，你將如何利用可資運用的時間、人員及經費？就此而論，在你進行首輪 TDO 時，你會如何考慮運用學校行政人員、同事、支援人員或代課教師？

第七章　給校長：如何實施與支持授課教師主導的觀察

　　身為校長，最重要的是，與教師溝通 TDO 是攸關改進而不是評鑑。堅持這種溝通方式，尤其是來自你的溝通，將有助於消除對 TDO 的焦

慮。身為校長的另一個明智之舉是將 TDO 與其他改進工作相結合。向教師發出信號，TDO 將幫助他們，讓他們把目前的事情做得更好，而不是在他們已經被填滿的板塊上增加新東西。

當你開始這個歷程時，要有意向地對這早期播下的 TDO 種子灌溉施肥，因為你工作的第一批成果，將是你想增加和提高採用率的最好資產。雖然第一步很重要，但也可以透過傾聽早期的回饋與實施建議，來調整教師的透明程度。以授課教師為主導的觀察不是萬能的方法，也不是靈丹妙藥，當你在整個學校建立實作能力，並為學校改良 TDO 時，教師將負起他們專業學習的責任，學生將從中受益。

後記：專業學習社群與授課教師主導的觀察

在學校中致力改進學習，專業學習社群（PLC）的成員採取行動協助學生達成更好的學習結果。這些社群相信，教師可以從融入於自己教室的持續學習中獲益。透過合作與共同探究，PLC 團隊通常彼此相互依賴、一起努力，詢問與回答關於學生學習什麼、如何學習，以及教師如何幫助無法學習或已學會教材的學生等重要問題。

藉由提供特定的策略與方法，TDO 能使 PLC 團隊制訂焦點問題，以及蒐集教師必須做些什麼的相關資料。授課教師主導的觀察提供可靠的架構，指引觀察者扮演其角色，並且將主導教師置於駕駛者的座位上，負起自己學習的責任。建立在 PLC 的運作上，在一個對使用者友善、結果導向的歷程中，TDO 將批判性探究與合作交織在一起。它可以在 PLC 的群組中運作，或者可以在 PLC 結構之外有效地運作。TDO 可以啟動停滯低迷的 PLC 群組，並且增加透明性。TDO 也可以為非 PLC 的教師創造空間，進行全校的合作以及實施有效的教學策略。

問題：

1. 運作良好的 PLC 在已經建立的 PLC 群組中進行一輪 TDO，可能會有哪些優點？

2. 在有 PLC 的學校中，教師與其 PLC 團隊之外的 TDO 群體的合作中，可以得到哪些效益？

3. 如果你的學校還沒有 PLC，你是否應該成立 PLC，以連結 TDO 的實施，或者作為實施 TDO 的先備條件？在 PLC 之外獨立進行 TDO，你可以想到會有哪些相關的優點？

全書附註

第1章

1. National Commission on Teaching and America's Future, *What matters most: teaching for America's future* (New York: National Commission on Teaching and America's Future, 1996); A. Lowrey, "Big Study Links Good Teachers to Lasting Gain," *New York Times*, January 6, 2012; L. Darling-Hammond, "Teacher Quality and Student Achievement: A Review of State Policy Evidence," *Education Policy Analysis Archives* 8 (2000): 1–44.
2. C. J. Casteel and K. G. Ballantyne, eds., *Professional Development in Action: Improving Teaching for English Learners* (Washington, DC: National Clearinghouse for English Language Acquisition, 2010), http://www.ncela.gwu.edu/files/uploads/3/PD^in^Action.pdf.
3. T. Wagner, "Leadership for Learning: An Action Theory of School Change," *Phi Delta Kappan* 82 (2001): 378–383.
4. Casteel and Ballantyne, *Professional Development in Action*, 21.
5. D. L. Ball and D. K. Cohen, "Developing Practice, Developing Practitioners: Toward a Practice-Based Theory of Professional Education," in G. Sykes and L. Darling-Hammond, eds., *Teaching as the Learning Profession: Handbook of Policy and Practice* (San Francisco: Jossey-Bass, 1999), 10.
6. R. Elmore, *Bridging the Gap Between Standards and Achievement: The Imperative for Professional Development in Education* (Washington, DC: Albert Shanker Institute, 2002), 29–30.
7. N. Claire, "Teacher Study Groups: Persistent Questions and Promising Approach," *TESOL Quarterly* 32 (1998): 466.
8. R. Elmore, *School Reform from the Inside Out* (Cambridge, MA: Harvard University Press, 2002), 127.
9. K. A. Ericsson, R. T. Krampe, and T. Clemens, "The Role of Deliberate Practice in the Acquisition of Expert Performance," *Psychological Review* 100 (1993): 368.
10. Ball and Cohen, "Developing Practice, Developing Practitioners," 19.
11. R. DuFour, R. DuFour, R. Eaker, and T. Many, *Learning by Doing: A Handbook for Professional Learning Communities at Work* (Bloomington, IN: Solution Tree, 2006), 3.

第2章

1. M. O. Richardson, "Peer Observation: Learning from One Another," *NEA Higher Education Journal* 16:1 (2000), 9–20.

第4章

1. D. L. Ball and D. Cohen, "Developing Practice, Developing Practitioners: Toward a Practice-Based Theory of Professional Education," in G. Sykes and L. Darling-Hammond, eds., *Teaching as the Learning Profession: Handbook of Policy and Practice,* (San Francisco: Jossey-Bass, 1999),

3–32. Richard Elmore has discussed the instructional core in multiple publications including *Instructional Rounds in Education: A Network Approach to Improving Teaching and Learning* coauthored with E. City, S. Fiarman, and L. Teitel (Cambridge, MA: Harvard Education Press, 2009).

第5章

1. J. McDonald, N. Mohr, A. Dichter, and E. McDonald, *The Power of Protocols* (New York: Teachers College Press, 2007), 7.
2. C. Argyris, *Overcoming Organizational Defenses: Facilitating Organizational Learning* (Boston: Allyn and Bacon, 1990).
3. E. City, R. Elmore, E. Fiarman, and L. Teitel, *Instructional Rounds in Education: A Network Approach to Improving Teaching and Learning* (Cambridge, MA: Harvard Education Press, 2009).
4. McDonald et al., *The Power of Protocols.*
5. City et al., *Instructional Rounds in Education.*

第7章

1. R.J. Marzano, T. Frontier, and D. Livingston, *Effective Supervision: Supporting the Art and Science of Teaching* (Alexandria, VA: Association for Supervision and Curriculum Development, 2011).

第8章

1. R. Jackson, *Never Work Harder Than Your Students* (Alexandria, VA: Association for Supervision and Curriculum Development, 2009).
2. R. J. Marzano, T. Frontier, and D. Livingston, *Effective Supervision: Supporting the Art and Science of Teaching* (Alexandria, VA: Association for Supervision and Curriculum Development, 2011).

國家圖書館出版品預行編目資料

透明的教師：以同儕蒐集課堂資料精進教學／
Trent E. Kaufman, Emily Dolci Grimm著；
賴光真等譯. -- 初版. -- 臺北市：五南,
2019.10
　　面；　公分
　　譯自：The transpartent teacher: taking charge of
your instrucion with peer-collected classoom data
　　ISBN 978-957-763-649-2（平裝）

1.教師專業資格　2.教學法　3.觀察學習

522.1　　　　　　　　　　108014927

1I2F

透明的教師：以同儕蒐集
課堂資料精進教學

作　　者 ─ Trent E. Kaufman, Emily Dolci Grimm

譯　　者 ─ 賴光真　賴文堅　葉坤靈　張民杰

發 行 人 ─ 楊榮川

總 經 理 ─ 楊士清

總 編 輯 ─ 楊秀麗

副總編輯 ─ 黃文瓊

責任編輯 ─ 黃淑真　李敏華

封面設計 ─ 姚孝慈

出 版 者 ─ 五南圖書出版股份有限公司

地　　址：106台北市大安區和平東路二段339號4樓

電　　話：(02)2705-5066　　傳　　真：(02)2706-6100

網　　址：http://www.wunan.com.tw

電子郵件：wunan@wunan.com.tw

劃撥帳號：01068953

戶　　名：五南圖書出版股份有限公司

法律顧問　林勝安律師事務所　林勝安律師

出版日期　2019年10月初版一刷

定　　價　新臺幣300元